視点を
変えると
会議も変わる

6つの帽子思考法

Six Thinking Hats
by Edward de Bono

ワード・デ・ボーノ[著]
川本英明[訳]

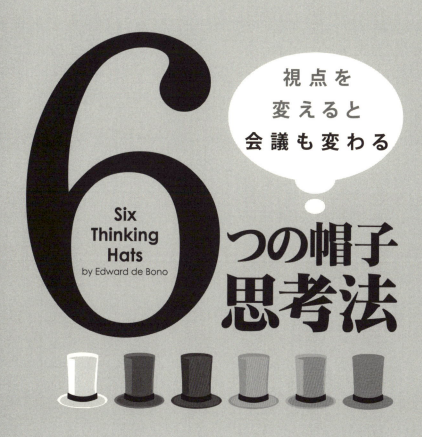

はじめに

「六つの帽子」思考法は約二三〇〇年もの間、思考を重ねてきた人類の長い歴史において、もっとも重要な転機となるように思われる。これは少しばかり大げさな表現かもしれないが、それを証明する足跡があちこちに残されている。

本書が初めて出版された頃（一九八五年）に、そんな大言壮語を吐いたなら、それこそナンセンスであったにちがいない。しかし、時が流れ、この言葉を裏づける証拠が着実に残されつつある。

ある大企業では、それまで三〇日も掛かっていた多国籍プロジェクト会議が、「六つの帽子メソッド」による並行思考を採用したことにより、わずか二日で済むようになったという。また、IBM研究所の幹部出身の研究者は、「六つの帽子メソッド」によって、会議の時間が四分の一に短縮されたと報告している。さらに、ノルウェーのスタトイル社では油田の採掘装置《プラットホーム》に、一日当たり約一〇万ドルのコストが掛かり頭を悩ましていたが、公認トレーナーのイェンス・アーラップ氏が「六つの帽子メソッド」を紹介したところ、たった一二分でその問題は解決し、さらに一〇万ドルのコストがゼロになってしまったという。

また、裁判などでも、このメソッドを採用するかどうかが明暗を分けている。一方の裁判では、陪審員が採決するまで三時間以上も掛かったが、「六つの帽子メソッド」を導入したもう一方の裁判では、採決がわずか一五分で終わったという。また、三〇〇人の幹部公務員を対象にした実験では、「六つの帽子メソッド」の導入により、創造的な考え方が約五倍（四九三％）に増加したと報告されている。

これらの事例は歴史的に見てもまさに、大きな転機を迎えていることを示している。一般的には、生産性が五～一〇％増加するだけでも、かなり幸運なことといわれている。それが、このメソッドを用いることにより五倍以上も増加するのだ。やはり、何かが変わりつつある。

メソッドの世界的な普及

「六つの帽子メソッド」は、今では世界中に普及している。この思考法を生み出した当初、こんなにも早く普及するとは考えもしなかった。おそらく、このメソッドのシンプルであるが手堅く、そして効果的な点が、その要因になったのかもしれない。

昨年、私は同じ日に二通の手紙を受け取った。一通はドイツのシーメンス社（注：ドイツ最大の電気メーカー）の主任研究員からだった。シーメンス社は四〇万人の従業員を抱え、年間売り上げ高が六〇〇億ドルを超えるヨーロッパ最大の企業である。同社には「六つの帽子メソッド」

を訓練する社内トレーナーが三七人おり、各部門ではメソッドに基づく特別な「革新的チーム」が組織されている。その手紙には、幹部の研修会議で「六つの帽子メソッド」を上手に利用していることが書かれていた。もう一通はカンボジアを支援する派遣団の一人、サイモン・バチュラー氏からだった。彼はクメール村で、原地の人々と井戸掘り作業に従事していたが、村人たちにその作業を指導することは難しかったという。しかし、たまたま私の著書『あなたの子供に考え方を教えなさい』(〝Teach Your Child How to Think〟)を持っていた彼は、村人たちに、この本の中で紹介されている「六つの帽子メソッド」を教えた。すると、彼らはそれに熱中し、思考法を学ぶことは井戸掘り作業よりずっと重要であると、彼に語ったらしい。

それから数日後、私はニュージーランドのウェリントンに滞在していた。ウェルズリー・スクール(ニュージーランドの進学校)の教務主任が五歳児に「六つの帽子メソッド」を指導していることを教えてくれた(ブリスベーンにあるクレイフィールド校の教務主任は、四歳児にメソッドを教えていると話してくれた)。一週間のニュージーランド滞在のあと、私はシアトルにあるマイクロソフト社のマーケティング会議に出席した。その時、出席者たちに「六つの帽子メソッド」の並行《パラレル》思考を紹介した。このメソッドは、NASA、IBM、デュポン、NTT(日本)、シェル石油、スタトイル(ノルウェー)、フェデラルエクスプレス(アメリカ)、その他多数の企業で採用されている。

これらの事例から、「六つの帽子メソッド」がすぐれた適応性をもち、トップ企業から就学前の幼児に至るまで、誰もが利用できる思考法であることを示している。

六つの帽子メソッド

「考える」ことは人間に与えられた最高の能力である。ところが、私たちは決してこの能力に満足することはない。人はどんなに賢くても、さらに賢くなりたいと思うものだ。

考える能力に自己満足している人間は、怠かにも考えることが自分の正しさを証明する手段であると思い込んでいる。しかし、考えるという行為はそんなに視野の狭いものではなく、私たちのすばらしい頭脳を満たしてくれるものなのだ。

何かを考える時にいちばん厄介なのは、頭が混乱することだろう。とかく私たちは、あまりに多くの事を一度に考えようとする傾向がある。例えば、「感情」「情報」「論理」「期待」「創造性」などで頭の中がいっぱいになってしまうのだ。まるで、たくさんのボールを操る軽業師《ジャグラー》のように。

本書で語ろうとしていることは、実に簡単な概念だ。つまり、ものを考える時には、一度に一つの事を考えるようにすることである。そうすれば、「論理」と「感情」を分けて考えることもできるし、さまざまな「情報」と「創造性」とを区別して考えることもできる。このような概念こそが「六つの帽子」の考え方なのである。「六つの帽子」をかぶることで、各帽子で考えるべきことが一つに決まる。本書では、六つの考え方の特徴と、それがどのように役立つのかを紹介していく。

「六つの帽子」は、まさにオーケストラの指揮者のように、考えるべき道筋をうまく導いてくれる。そして、個々人の望んでいることを上手に引き出してくれるのだ。どんな会議においても、身近な問題を異なる方法で考えさせるためには、相互作用を用いて通常の路線から人を引き離すことが効果的だ。「六つの帽子」の最大の価値は、まさに「それを便利に使える」点にある。

「黒い帽子」に関する覚え書き

このような注意書きをわざわざするのは、黒い帽子を何か悪い帽子であるかのように誤解する人がいるからだ。黒い帽子は六つの帽子の中でもっとも価値のある帽子であり、実際、いちばんよく利用される。

黒い帽子は「注意」や「警戒」を促したい時に用いる。つまり黒い帽子は、困難や危険、問題が生じる可能性のあることを指摘する。黒い帽子をかぶることで、自分自身や周りの人たち、他の集団に降り掛かる危険を避けることができる。

西洋的な物の考え方の中心には、たいてい「黒い帽子」の概念があり、相手に注意を促したり、批判的に考えたりすることが強調されている。人が誤った考え方や行き過ぎた行為、バカげた振る舞いなどを避けることができるのも、そんな概念があるからだ。

「改訂新版」についての覚え書き

今日では、「六つの帽子メソッド」は数え切れないほど多くの人たちに利用されている。それは本書を書いた当初には考えもしなかったことであるが、ここで改めて、自信をもってお勧めしたい。もはや、このメソッドは一度試しにやってみようといった目新しいものでも、珍しいものでもなくなった。年齢や文化、能力などの壁を越えて多くの人々に利用され、今や効果的で強力な考え方を身に付けるための定評ある手法になっている。

このメソッドは、どこか遊び感覚があったり、単純すぎる感があるため、使うのにためらいを感じる人もいるようだ（人は複雑なものを好む傾向がある）。しかし、実際この方法を用いると、単純であるからこそ何の問題も生じない。実践の場で、「六色の帽子」が相手の心を容易につかむ鉤《かぎ》の手として必要なことが分かるだろう。つまり、難しい心理学の言葉を思い出さなくても、六色の帽子をかぶるだけで、相手に心が通じ、また相手の心も読めるわけだ。

この改訂新版は、「六つの帽子メソッド」の長い実践経験の中から生まれたものである。年月を経て、このメソッドが効果的な考え方であるとともに、使い方も簡単であることが明らかになってきた。このメソッドを用いることにより、これまで不毛であった議論の過程に、「建設的な考え方」や「創造的な考え方」を導くことができる。

「六つの帽子メソッド」で強調される点は、「今ある現在の姿」より「可能性を求める将来の姿」、「誰が正しいか誤っているか」より「打開策をどのようにして見つけ出すか」ということなのだ。

デ・ボーノ博士の「六つの帽子メソッド」

エドワード・デ・ボーノはオックスフォード、ロンドン、ケンブリッジ、ハーバードの各大学から教授資格を授けられている。彼は「水平思考」の概念を生み出し、さらにそれを発展させ、意図的な創造的思考法のテクニックを考案した。つまり、彼は考え方の直接的な教授法のパイオニアであり、そのリーダーとして広く世界に知られている。

デ・ボーノ博士は、これまでに六二冊の著書を世に送り出し、それらは三七カ国の言葉に翻訳されている。テレビでもシリーズ番組が二回ほど放映され、彼の研究に関してはインターネットで四〇〇〇万件を超えるアクセスがある。また、五二カ国から講演依頼を受け、主要な国際会議にも招待されている（一九八九年にはノーベル賞受賞者の特別会議にも招待されている）。

思考法に関する彼の教育は、ＩＢＭ、デュポン、シェル石油、エリクソン、マッキンゼー、チバ・ガイギー、フォードなど、世界の大企業で使われている。ある惑星には、天文学連合より彼の名前が付けられており、南アフリカ共和国の大学教授グループの手によって、歴史上、人類にもっとも貢献した二五〇人の一人としても選ばれている。

デ・ボーノ博士が人類に貢献したとされる最大のポイントは、人間の頭脳にコンピュータの「自己最適化システム」（注：コンピュータのシステム用語で、一定の指向性をもち、思考パターンなどを自立的に最高状態に変化させながら目的達成を図るシステム）を応用したことだろう。この確固たる基本概念から出発して、考え方の実践的な方法を考案したのである。彼が考案した「六つの帽子メソッド」は、世界で初めて、西洋的な考え方（敵対関係に置かれる議論）に代わって、建設的な視点をもたらしたのだ。

デ・ボーノ博士の公私のセミナー、公認のプログラム・トレーニング、学校向けの思考プログラム、ＣＤ‐ＲＯＭ、書籍、テープなどに関する情報は以下を参照。http://www.debono.com/

◆目次◆

第1章

入門編

アフリカの草原で、一匹の羚羊《レイヨウ》が聞き耳を立てながら草を食べている。危険を察知するための全神経を働かせ、ライオンが草の波間に姿を現わしたなら、すぐにでも逃げられる体勢を整えている。羚羊の感受性は、脳がどれほど敏感に危険を察知するかによって左右される。しかし、異なる方向に対して同時に感受性を働かせることは不可能である。それは、ドライバーにもパターにも最適なゴルフクラブをデザインすることができないのと同じだ。

「六つの帽子メソッド」が必要な理由は、まさにそこにある。つまり、このメソッドは異なる時間、異なる目的に対して脳が神経を最大限に活用できるようにしてくれるのだ。脳というのは、異なる機会に対して一度に、その感受性を最大限に働かせることはできない。

議論VS．並行《パラレル》思考

西洋的な思考の基盤は、約二三〇〇年前にギリシアの「三人組」の手によって築き上げられた。それは「**議論**」を基礎にしたものである。

ソクラテスは「弁証法」と「議論」をとりわけ強調した。プラトンの著書によれば、ソクラテスの対話のうち八割ほどは、何ら建設的なものを生み出すことはなかったという。ソクラテスは、ただ何が「誤っているのか」を指摘する役割を、自身に背負っていただけにすぎない。彼は誤った使い方を指摘することにより、正義や愛といった考えの正しい使い方を明らかにしようとしたわけだ。プラトンは「究極の」真実は外観に隠されていると信じていた。彼の有名な洞窟の比喩がある――手足を縛られた囚人が入口を背にして洞窟の中に閉じこめられている。入口には火（善のイデア）が焚かれていて、洞窟に人が入ってきても、囚人には壁に映し出されたその影しか見えない。プラトンはこの比喩を用いて、人間が生きていく中で、真実の「影」しか見ることができないことを教えようとした。

アリストテレスは包括的な論理や排他的論理など論理体系を築き上げた。私たちは過去の経験を「分類の箱」にひとまとめにして、そこから定義やカテゴリー、原理、主義などを導き出す。何か新しい物に出くわすと、それがどの「分類の箱」に当てはまるかを判断する。「ある物は箱に入るが、ある物は箱には入らない」など、あれこれ考えるのだ。しかし、どの箱にも入らないものはないし、半分入って半分入らないものもない。

結局、西洋的な思考は、分析、判断、議論によって決定される、「今ある現在の姿」ということに関係している。確かにこの方法はすばらしく、役に立つシステムといえる。しかし、もう一つまったく別の考え方、つまり「可能性を求める将来の姿」について、あらゆる側面から考える方法があることも忘れてはならない。これには「**建設的な考え方**」「**創造的な考え方**」「**前途の**

打開策を見つけ出すこと」などが含まれている。

一九九八年、オーストラリアの憲法制定議会で、開会の辞を述べるよう要請された。私はそこで次のような話をした。自分の車を半分を白に、残りの半分を黒に塗り分けた男がいた。なぜそんな奇妙なことをするのかと友人に尋ねられた彼は、こう答えた。「事故が起きて裁判沙汰になっても、目撃者の証言が口々に違っているのを聞けるなんて、とても愉快じゃないか」会議の最後に、議長のアンソニー・メイソン氏は次のように語った。「議論になっても両者の言い分が正しく、別の視点から状況判断をしなければならないケースも多い。そんな時は、あなたの話を使わせてもらうよ」と。

世界の大半の文化圏では、「議論」は攻撃的かつ個人的で、建設的なものではないと見なされているだろう。だからこそ、「六つの帽子メソッド」の並行思考を、すぐにでも採用してほしい。

変化する世界

「議論」を基礎にした思考システムは、車の片方の車輪のようになくてはならないものだ。それ自体に非の打ちどころはないが、それだけでは完全な役割を果たすことができない。

例えば、体に発疹のできた子供を医師が診察している場面を考えてみよう。医師は即座に、どの「分類の箱」に入れるべきかを考えはじめる。それは単なる日焼けなのか？　食べ物によるアレルギー反応か？　それともハシカなのか？　それから医師はその徴候を入念に調べ、診断を下す。もし病気の徴候が「ハシカ」の分類箱に当てはまると判断したなら、その「分類の箱」には治療法がちゃんと書かれていて、どのように手当てすべきか医師に教えてくれる。このような思考プロセスが伝統的で最善の考え方なのだ。

つまり、過去の経験から模範となる状況を作り出すのである。そして、新たに出くわした状況が「模範的な状況の箱」に当てはまるかどうかを私たちは判断するのだ。ひとたび、このようなプロセスで判断を下せば、行動に迷いがなくスムーズに事が運ぶ。

しかし、変化のない安定した世界では、このような思考システムは実にうまく機能するだろう。というのも、特に変化がないため、過去の模範的な状況が十分に適用できるからだ。しかし、日々変化している世界では、模範的な状況はもはや役に立たない。前途を価値判断する代わりに、前途を作り出す必要に迫られるわけである。まさに、「今ある現在の姿」ではなく、「可能性を求める将来の姿」について考えなければならないのだ。ところが、西洋的な思考システム（もしくは他のあらゆる思考法）では、建設的に考えるためのシンプルなモデルを作り出していない。「六つの帽子メソッド」（並行思考《パラレル》）は、まさにその穴を埋めるために考え出されたものといえる。

並行思考とはどんなものなのか?

広くて美しい田舎家がある。家の正面に一人、家の裏にも一人立っており、左右両側にもあと二人、別の人が立っている。四人全員がその家の異なる側面を見ている状態だ。そして四人は、互いに無線で連絡を取り合いながら、それぞれ自分が見ている眺めこそ、その家の本当の外観であると主張し合っている。

次に並行思考を用いて、四人はそれぞれ家の周りを歩き、正面からの眺めや裏側、左右両側の様子を見て回った。つまり、四人が同じ視点で四つの側面を同時(並行的)に見ている状態だ。

この場合、各人は対立する考え方をもって、自由に意見を交わすことができる。なぜなら、四人は建物の四つの側面をすべて見て知っているので、問題点を十分に話し合うことができるのだ。つまり並行思考する時には、あるテーマについて、常に全員が同じ視点に立って対象物を見る必要がある。

また、並行思考は、さらに進んだ考え方もできる。伝統的な考え方では、二人の意見が対立した場合、互いに相手が間違っているという議論を展開することになる。しかし、並行思考では、どんなに矛盾していようと、互いの意見を同時（並行的）に考え合わせることができる。たとえ、あとで対立した意見の中から正しい結論を出す必要があるにせよ、公平な視点に立って考えることができるのだ。どうしても結論が出ない場合には、できるだけ両者の意見を生かした妥協策を考えるべきである。どんな場合にも、前向きの打開策を見つけ出すことが大切なのだ。

考え方の視点と六つの帽子

並行思考では、テーマについて「常に全員が同じ視点」から見ることが必須条件となる。もちろん、視点（方向）が変わることもあり得る。探検隊は北を向いてくれとか、東を向いてほしいなどと要求されることもあるかもしれない。それは、基準となる視点と考えればいい。では、考える人が求められる異なる視点とは、いったいどんなものなのだろうか？

そこで、「六つの帽子」が登場する。

すでに、多くの国々では文化教養において、「考え方」と「考えるための帽子」とが強く結び付いている。つまり、「考え方」のシンボルとして、帽子が一つの役割を演じているのだ。帽子をかぶっている状態がつまり、何かを考えていることになる。帽子は簡単に脱いだりかぶったりできるし、周りにいる人たちからもよく見えるから好都合だ。そのようなわけで、考えるための視点を表わすシンボルとして帽子を選んだ。

時に、本物の帽子が用いられることもあるが、大抵は想像の世界で帽子をかぶることになる。考え方の視点を思い出すために、会議室の壁に「六つの帽子」のポスターを貼っておいてもいいだろう。白、赤、黒、黄、緑、青の六色は、それぞれ六つの視点に対応している。

考え方の視点は説明ではない

六つの帽子は「**視点**」を表わすものであり、状況の「説明」ではない。

誰もが自分の好きなことを表現していいわけではなく、自分の発言を表現するために使う。つまり、六つの帽子は自分がある視点に立って考えていることを示すための「**道具**」として使うのである。

「ここで、白い帽子をかぶってみようよ」という発言は、「情報に関して意識を集中する」ことを意味する。つまり、利用できる情報や必要となる情報、尋ねるべき質問、情報を入手するための方法などについて、参加者全員で考えようと呼びかけているのだ。

また、「この場合、あなたに赤い帽子をかぶってほしい」という発言は、ある特定の問題について、「特別な感情や直観、情緒」などを求めていることになる。

「それは、まさに黒い帽子の考え方だと思うよ。それじゃ、黄色い帽子の考え方にみんなの頭を切り替えてみようじゃない」。この場合の「黒い帽子」は、ある点に注意すべきであるとか、問題が生じる可能性を指摘することを表わしているが、主な意図は「黄色い帽子の視点（利益、価値など）に考え方を切り替えてほしい」という要望だ。

したがって、並行思考では説明と視点との違いを理解することが、とりわけ重要になってくる。つまり、状況の説明とは「何が起きてどんな状況であるのか」を表現することであり、考えるための視点は「これから起きようとしていること」を表現するものなのだ。

例えば、「あなたに東の方向を見てほしい」という表現は、「あなたはずっと東の方向を見ている」という説明とは、かなり異なる。また、「あなたにスクランブル・エッグを作ってほしい」という表現は、「あなたはスクランブル・エッグを作ったんだね」という説明とは、決して同じではないはずだ。

人を類別するものではない

ある人がAタイプかBタイプかといった、人を類別するようなテストは世の中にいくらでもある。心理学者はとかくそのような作業をしがちだ。しかし困ったことに、ひとたび人が「分類の箱」に入れられてしまうと、そこに留まってしまう傾向があるのだ。つまり、固定観念に縛られてしまう。ここで再び、「今ある現在の姿」と「可能性を求める将来の姿」との事例を考えてみよう。

駆けっこをすると、普通は痩せた人が太った人を負かす（これは「今ある現在の姿」）。ところが、もし太った人が自転車の乗り方を覚えれば、太った人が痩せた人を打ち負かすこともある（これは「可能性を求める将来の姿」）。

「彼女は黒い帽子だ」とか「彼は緑の帽子のタイプよ」というように、誰しも人を説明したり、類別するために六つの帽子を使いたくなる。しかし、このような誘惑の声に耳を貸してはいけない。六つの帽子は、あくまでも人を類別するためのものではなく、行為のモデルとなるものなのだ。

確かに、危険に対して常に注意を怠らず、聞き耳を立てているような人もいる。また、アイデアをふくらませることに楽しみを見出す人もいれば、事実にしか興味を示さない人もいる。流行に敏感な人とそうでない人がいるし、好みも人それぞれ異なる。それでも、六つの帽子は人を類別するものではないことを覚えておいてほしい。

マニュアル・シフトの車を運転する時には、すべてのシフトギアを使う。エンジンではすべてのシリンダーが燃焼している。六つの帽子は考え方の視点（方向）を示すものである。したがって、どんな人でもすべての視点に立って考えられるし、考えられるようになる。

そのため、六つの帽子を用いることは、逆に危険と背中合わせになっていることにもなる。というのは、誰もがあらゆる方向からテーマを考えることができるため、このような思考システム自体を全面的に否定することもできてしまうからだ。

帽子についての覚え書き

「六つの帽子メソッドを使っているよ」と話し掛けてくれる人がいると、私はそれをどのように使っているのかと尋ねる。しかし残念なことに、間違った使い方をしている人に出くわすこともある。例えば、会議の席で、誰かを黒い帽子の考え方の人に選んだり、また別の人を白い帽子の考え方の人に選んだりするような使い方だ。こうした使い方は、六つの帽子メソッドの考え方と矛盾する。このメソッドでは、会議の出席者全員が同じ色の帽子の役を演じなければならない。並行思考の重要なポイントは、**「出席者全員が同じ視点に立って、その経験や知性を同時並行的に一致させる」**ことなのだ。したがって、黒い帽子が指定されたら、出席者全員が黒い帽子をかぶり、白い帽子が指定されれば、全員が同時に白い帽子をかぶらなければならない。これこそが並行思考であり、そうすることで、全員の知性や経験が最大限に生かされる。

上手に自己主張する

議論が楽しいのは、自分がどれだけ利口であるかを相手に誇示できるからだという人も多い。彼らは議論に打ち勝って、相手を論破することに楽しみを見出しているのだ。しかし、そこには何一つ建設的なものは生まれない。ただ自分の知性を誇示したいという欲望があるにすぎない。

並行思考や「六つの帽子メソッド」では、このように知性を誇示する姿勢は排除されている。その代わり、このメソッドで考える人は、黄色い帽子や黒い帽子をかぶって、どれだけ多くの考察を生み出せるかを誇示することになる。つまり、会議の席でアイディアマンとして演じながら自己主張ができるし、「アイディアを生み出す人」として他の人たちよりも上手に演じることで、自分の知性を誇示できるわけだ。

単に自分の欲望を満たす行為とは違って、このような形で自己表現することは、建設的で創造性に富んでいる。とにかく、上手に自己主張することが大切なのだ。

ゲームを楽しむ

自分の性格を変えたいと思っている人は、さまざまな手段を試そうとする。しかし、そんな人も自分の性格や弱点を誰かに指摘されると、すぐにその弱点をフォローしようとする。だから、そんな手段はあまり役に立たず、大した効果も期待できない。

人はひとたび何かを「分類の箱」に入れたり、種類分けをすると、そこから生じる欠点を埋め合わせようとする。しかし、その埋め合わせの努力をするうちに、「自分本来の姿」を思い出し、分類の箱にいっそう固執してしまう。

フロイトの出現以降、心理分析がとりわけ強調されてきた。つまり、ある行為に対する無意識の動機づけや真理の追求が重視されてきたのだ。ところが、中国の孔子（五五一～四七八B C.）の思想は、それとは正反対だった。彼は人柄や性格を強調するのではなく、直接、行動そのものに焦点を当てようとしたのだ。孔子は自分の同僚や部下、上役、あるいは家族に対して正しい振る舞いをするように勧めた。つまり、人柄や個性、心理的な気質などには少しも興味を示さなかったのである。

「六つの帽子メソッド」は、心理分析的なアプローチというよりは、むしろ孔子的なアプローチといえる。つまりこのメソッドは、人の行動原理を規定しようとするものなのだ。だから、その規定に従うだけでよい。もし、あなたが仮に攻撃的な性格であったとしても、その攻撃性を抑えようとする人はいない。しかし、黄色い帽子が指定された時に、その攻撃性を帽子の視点に立って利用することもできるわけだ。

直接、行動に移すことにより、「六つの帽子メソッド」は個性や性格を変えようとするメソッドより、ずっと効果的で、しかも便利に使える。したがって、「六つの帽子」の「ゲーム的な」側面は、とりわけ重要になる。ゲームに参加することになれば、誰しもそのルールに従わねばならず、違反すれば、わがままな厄介者と思われてしまう。もし、黒い帽子（警戒を促す考え方）から黄色い帽子（利益の可能性を考える）へと考え方を切り替えても、ある人がまだ危険を促す視点にこだわっていたら、その人はいずれゲームを放棄しなければならないだろう。

出席者を「ゲームに参加させること」が、その人の行動を変えさせる強い力となるわけだ。

四つの成果

「六つの帽子メソッド」は着実にその実績を積み上げ、成果も明らかにされている。その成果はさまざまな要因に基づいていると思われるが、主に次の四点にまとめることができる。

①結集する力

「六つの帽子メソッド」を用いると、グループ全員の知性や経験、知識などがフルに活用できる。なぜなら、全員が同じ視点に立ち、同じ方向に持てる力を結集するからだ。磁石が強い力で作用するのは、その分子が一定方向に整列するからだという。しかし、議論やフリートークなどでは、そのような強い力は働かない。なぜなら、（裁判所のように）議論の方式を用いれば、互いに相手を打ち負かし、論破しようとするからだ。もし、一方が他方の利益になるような点に気が付いても、その点についていては決して議論されることはない。つまり、議論の目的は、相手に勝つことであり、誠実にテーマを掘り下げることではないからだ。

自分の議論の弱点をさらけ出すことになるため、有効な情報や意見を抑え込んでしまうのは、いかにもバカげた話である。太陽光も、レンズの焦点に集めれば堅い金属でさえ溶かしてしまうように、ある問題に多くの人たちの知的能力を結集させれば、問題はより簡単に解決できる。

②時間の短縮

オーストラリアのオプタス社では、それまで重要な社内会議に四時間も費していたが、「六つの帽子メソッド」を採用してからは、四五分で結論が出るようになったという。

このように、「六つの帽子メソッド」を用いたことにより、会議の時間が一気に短縮したという声が、あちこちから聞かれる。会議の時間が半分になったとか、三分の一、四分の一になったなど、時には一五分の一に短縮されたところもある。

アメリカの管理職は、仕事時間の約四〇％を会議に費しているという。もし、「六つの帽子メソッド」を使って会議に費やす時間を四分の三に減らすことができれば、マネージメントに掛ける時間が三割も増えることになる。もちろん、一円のお金も掛けずにだ。

ごく一般的な議論の場合、誰かが何かを発言したら、たとえ儀礼的であるにせよ、他の人たちはそれに応答しなければならない。ところが並行思考であれば、どんな時にも全員が同じ視点からテーマについて考えているため、思考が同時並行的に生み出される。つまり、先に発言した人に応答して、何か意見を述べる必要はない。ただ、自分なりの別の意見を付け加えるだけでよいのだ。結局、問題はごく短時間で十分議論されることになる。

通常、二つの意見が対立した場合、互いに納得するまで議論する。しかし、並行思考では、たとえ対立していても、双方の意見は互いに並行した考え方から生み出されたものと考えるため、あとでどちらか一つを結論として選ぶ必要があっても、その都度、議論することなく結論まで導くことができる。

③エゴの排除

短時間に効果的な思考法を用いる時、最大の敵となるのは人間のエゴ（自負心）だろう。人は自分のエゴを見せびらかそうと思考法を用いる傾向がある。例えば、相手を攻撃して打ち負かすために、自分の利益だけを求めるために、自分がどれほど利口であるかを相手に誇示するために、個人的な敵意を表明するために、いずれも思考法が用いられる。

また、ある人物に対して敵意があるという理由で、その人の意見に反対する人もいるだろう。もし、それが別の人から出た意見なら、すんなり同意することになるのに。とにかく、個人のエゴがどれほど効果的な思考法の妨げになっているのかを、私たちは十分理解していない。

陪審員の中には、審議中にどんなに有効な証拠が提出されても、決してそれに同意しない人がいる（それが一般常識を越えるようなひどい事件であっても）。これは明らかに、陪審員制度の基本原則が現実の問題によって打ち破られている例である。このような理由から、目下のところ「六つの帽子メソッド」を用いて陪審員を訓練することに強い関心を示している国もいくつかある。「六つの帽子メソッド」を利用すれば、エゴの悪影響を排除することができるため、審議をスピードアップすることも可能だろう。

互いに対抗し合った敵対関係にある思考法は、エゴの問題を悪化させるだけだ。「六つの帽子」の思考法は、それを排除してくれる。帽子をかぶって演じることで、自分のエゴを上手に表に出すことができるからだ。

「六つの帽子メソッド」は対立した議論ではなく、あるテーマについて客観的で自然な探究を可能にしてくれる。

④一度に一つの事をする

混乱は上手く考えようとする時の最大の敵だ。私たちは一度に多くの事をしようとしすぎる。情報を求め、感情に心が動かされ、新しいアイディアや選択肢を模索する。それに、常に注意深くなければならないし、何かしらの利益を得たいなど、身の周りにはするべき事がたくさんありすぎるのだ。

「六つの帽子メソッド」では、一度にたった一つの事をするだけでよい。例えば、「黒い帽子」をかぶって危険な状況を見つけ出したり、「緑の帽子」をかぶって新しいアイディアを模索したり、「白い帽子」をかぶって情報に焦点を合わせたりする。つまり、同時にすべてのことをしようとしないことが重要なのだ。

カラー印刷を考えてみても分かるだろう。それぞれの色は一度に一色ずつ、別々に印刷されるが、最後にはすべての色が重なり合って、多色刷りの美しい画面ができ上がる。「六つの帽子」の考え方もそれと同じように、一度に一つの事を考えることで、最後にはすべてを見通す考え方が生まれる。

このように、思考タイプを分割することが心理学的にも不可欠なことなのである。本書の冒頭でも述べたように、危険を察知したり、利益を見つけたりするために、脳は異なる化学的機能を通じてのみ敏感になることができるものだからだ。

例えば、飛行機が着陸体勢に入りながら、駐車場の上を飛ぶことがよくある。そんな時、もし黄色い車を数えてみようと心に決めたなら、突然、黄色い車だけが目に付くようになり、やがては、黄色い車しか目に入らないようになる。これは脳が何かに対して敏感になる（感作《かんさ》という）事例の一つである。

人は同時に異なる方向に対して脳を敏感に働かせることはできない。だから、一度にあらゆる側面を考えようとするのは、結局どんな考え方をしようと最適な状態にはならないのだ。

人が議論という手段を選ぶのは、それが好きだからではない。それ以外の方法を知らないからだ。「六つの帽子メソッド」は、まさに、そんな別の方法を与えてくれる。

六つの帽子、六つの色

六つの帽子には、それぞれ「白」「赤」「黒」「黄」「緑」「青」の色が付いている。各色がその帽子の名前になっている。例えば、六つの帽子と結び付いた考え方を示すために、ギリシアの賢人の名前を付けることもできただろう。しかし、それがたとえ印象的で人を喜ばせたとしても、難しくて思い出せないような何の意味もない。

物を考える時には、これらの帽子を心の中に思い描き、「**視覚化**」してほしい。というのは、帽子の「色」が大切な意味をもっているからだ。色彩は想像《イメージ》の世界では力を発揮する。色はイメージを描くことを楽にしてくれる。

それぞれの帽子は次のような機能と結び付いている。

・**白い帽子——白は中立で客観的な色である。「白い帽子」は客観的な事実と数値（データ）に関連がある。**
・**赤い帽子——赤は怒りや情熱、感情を暗示している。「赤い帽子」は感情的な視点を与える。**
・**黒い帽子——黒は生真面目で思慮深い色である。「黒い帽子」は警戒と注意を促し、考え方の弱点を指摘する。**

・黄色い帽子——黄色は明るく積極的な色である。「黄色い帽子」は楽観主義者の帽子であり、希望と肯定的な考え方をもつ。
・緑の帽子——緑は草木など植物のイメージであり、実り豊かな成長を連想させる。「緑の帽子」は創造性と新しい考えの誕生を示している。
・青い帽子——青は冷静さを表わすとともに、空の色、すべてを超越するイメージをもつ。「青い帽子」は調整に関連し、考え方のプロセスを構成したり、他の帽子の使い方を統制する働きがある。

色から連想されるイメージが、六つの帽子の各機能を思い出しやすくするだろう。
また、それぞれの色は次の三つのグループに分けて考えることもできる。

・白と赤
・黒と黄
・緑と青

このメソッドを実践する時には、〝決して〟帽子の機能ではなく、「色」を口に出すことが重要だ。誰かに何か印象に残った事を言葉で表現するように求めたとしても、その人の誠実な答えを期待することは難しいかもしれない。というのは、人は自分の心になかなか正直になれないからだ。しかし、「今の気持ちは**赤い帽子**」という表現を用いれば、率直な気持ちを示すことになる。また、「今すぐ**黒い帽子**を脱ぎなさい」と誰かに求めることは、その人に「警戒心を解きなさい」というより、ずっとソフトかもしれない。

それぞれの色がもっている率直さ（中立性）によって、何のためらいもなく使うことができるわけだ。つまり、「六つの帽子メソッド」は、決して戒めや小言にはならない、正しいルールをもったゲームなのである。

帽子は、次のように直接的に言及できる。

「黒い帽子を脱いでよ！」

「みんな、少しの間、赤い帽子をかぶろうよ！」

「黄色い帽子をかぶるのは、もうこれくらいにして、白い帽子をかぶろう！」

六つの帽子の色がもつシンボリズムを知らない人がいたら、帽子の色とその意味合いとが一致せず、誤解を生むことがあるかもしれない。そんな時は、本書を勧めてあげよう。「六つの帽子メソッド」で自分の気持ちを表現する可能性が広まれば、それだけ多くの人たちが効率的な考え方を実践できるようになるだろう。どんな討論の場に出席しても、これら六つの帽子を使って、創造的で効率よい考え方を実践していただきたい。

第２章

六つの帽子の使い方

帽子の使い方には、二つの基本的な方法がある。一つは考え方のタイプを要求するために帽子を単独で使う方法だ。もう一つは、テーマを掘り下げたり、問題を解決したりするために帽子を順番に使う方法だ。

単独で使う

単独で使う場合、帽子は特定の考え方を要求するためのシンボルとして使われる。会話や討論の途中に、何か新しい意見を模索する必要性に迫られるかもしれない。そんな時は、例えばこう言うことができる。

「この辺で、私たちには緑の帽子の考え方が必要だと思います」

そのあと会議では、別の行動方針が提案されるだろう。

「たぶん、この場合には黒い帽子をかぶるべきだと思うのですが」

このように、考え方のシンボルとして、〝わざわざ〟帽子を持ち出すことが大きな効力を発揮する。もし、次の発言のように帽子を持ち出さなければ、考え方を相手に求める力も弱く、個人的な要求になってしまうだろう。

「私たちはこの点で創造性が必要だと思います」

「そんな消極的な態度はよくない」

かつて、ロン・バルバロ氏がプルデンシャル生命保険のトップであった頃、彼が幹部社員とやりとりする場面を見ていたことがある。彼があるアイディアを提案したところ、彼を取り巻いていた幹部たちは、エージェントが好まないだろうとか、それは少し危険かもしれない、適法性に欠けるだろうなど、さまざまな意見を出した。すると、注意深くそれを聞いていたバルバロ氏は、次のように言った。

「よく分かった。それはすばらしい黒い帽子の考えだよ。それじゃ今度は黄色い帽子をかぶってみようじゃないか」

日本では、どんな場合でも社長の発言を批判することは不礼な行為だと考えられている。しかし帽子を使えば、注意を促すような発言も自然にできる。

例えば、

「社長、その点について私は黒い帽子の考え方をされるのがよろしいかと存じますが」

また、赤い帽子は個人の感性や感情、直観などを、それとなく打診するためのチャンスをうまく与えてくれる。誰しも人前では自分の感情を前面に押し出そうとはしないものだ。たとえ管理職であっても、部下に直接尋ねることは難しいだろう。そんな時、一つの形式として、自然に赤い帽子を持ち出せば、ある事柄について個々人の感情を尋ねやすくなるだろう。

「このアイディアには、まったく見込みがないように思えますが、みなさん、ひとつ黄色い帽子をかぶってみましょう」

一般に、危険を招く可能性を探るより、利点や有効性を見つけ出すことの方が難しいものだ。しかし、黄色い帽子をかぶれば、鋭い洞察力が生まれるかもしれない。実際、将来的に見込みがないと思っていたものが、これまで誰も気づかなかった高い価値をもっている場合もある。白い帽子は私情をはさんだ「自己判断」と「生の情報」とを区別させるための手段を提供する。白い帽子を使うことで、相手に直接、資料や情報に基づいた判断をすることを要求できるのだ。

そうはいっても、口を開くたびに、いずれかの帽子を指定する必要はない。それぞれの帽子はある特定の考え方を要求する形式的な手段として、自由に指定すればよいのだ。考え方を示すシンボルとして帽子を使うことに慣れてくれば、誰もがどのように答えればよいのか、確実に理解できるようになるだろう。したがって、帽子を上手に使うことは、「これについて考えてください」といった平凡であいまいな要求よりも特定の思考モードを要求する、明確な方法といえる。

順番に使う

ある連続的な場面（シークエンス）で、帽子を一つずつ順番に使うこともできる。どの帽子も、好きなだけ何回でも使えるが、すべての帽子を使う必要はない。連続的に使う場面では二つ、三つ、四つ、あるいはそれ以上の帽子が使われてもよい。

一般的には、大きく二種類の使い方がある。状況に応じて決めていく場合（発展的な場面）と事前に設定しておく場合だ。

発展的な場面では、まず誰かが最初の帽子を選択する（会議の進行役が選んでもよい）。そして、その帽子が役目を果たしたなら、別の帽子が順に選ばれていく。しかし、もし「六つの帽子メソッド」を使った経験がなければ、この方法は次の二つの理由からお勧めできない。まず一つは、メンバーが次にどの帽子を選ぶかを議論するのに時間を使いすぎてしまい、肝心のテーマを考える時間がほとんどなくなることがある。もう一つの理由は、誰が帽子を選んだにせよ、特定の帽子を用いた連続場面では、自分の望む結果を得ようと、その会議を操作しているように思われる恐れがあるからだ。したがって、「六つの帽子メソッド」を使った経験がない人には、次に紹介するあらかじめ設定された連続場面を勧める。

あらかじめ設定された方法では、会議の最初に全員が「**青い帽子**」をかぶる。そして、それ以降の帽子もあらかじめ決められた順番に従って進める。もちろん、状況に応じて帽子を変更することは可能だ。

訓練

六つの帽子を使う「訓練」をすることはとても重要だ。メンバーは、全員が指定された帽子をかぶらなければならない。一人だけ「ここで、私は黒い帽子をかぶりたい」などと、わがままを言うことは許されない。そんなことをすれば、たちまちごく平凡な議論に戻ってしまう。それに、帽子の変更を指定できるのは、グループのリーダーや議長、進行役だけだ。また、それぞれの帽子は、自分の言いたいことを表現するために使うことはできない。あくまでも、考え方を示す「シンボル」として用いられる。このような訓練を続けることが何より大切だ。しばらくの間、このメソッドを使って練習すれば、どんな人でも特定の帽子をかぶって考えることがいかに簡単なことか、身をもって分かるだろう。

持ち時間（タイミング）

一回の帽子は、どれくらいの時間かぶるべきなのか？

短い方が断然よいだろう。短時間の方が、各自の意図するテーマに集中することができるし、意味のない無駄口も減る。原則として、一人につき持ち時間は一分と設定している。会議に四人出席していれば、それぞれの帽子で掛けられる時間は四分ということになる。もし、時間が過ぎてもなお新しいアイディアが出続けている場合には、時間を延長してもよい。例えば黒い帽子をかぶっている時、「関連事項」のポイントが提案されているのなら、「残念ながら、時間切れ」などと言う必要はない。大事なポイントが示されている間は、時間を延長してもよい。

結局、それぞれの帽子の持ち時間を長くして、何を言えばいいのか分からず、出席者が手持ち無沙汰になるよりはずっとよいわけだ。

持ち時間に関していうと、「赤い帽子」は他の帽子とは異なることを覚えておこう。赤い帽子を使って各出席者の感情を知るには、ほんのわずかで十分である。というのは、赤い帽子から生まれる意見は、何ら説明もいらないし、条件や制約も受けない。したがって、感情表現は生気が感じられるようになるし、出席者も常に明確な表現を心掛けるべきだろう。どんな人でも、自分の感情を表現するのに一分もあればこと足りるはずだ。

指針（ガイドライン）

連続的な場面では、これが正しいといった模範例は特にない。どんな場面でも、納得できるものであれば十分役に立つ。例えば、ある場面ではテーマを掘り下げるために適しているとか、別の場面では問題解決や論争の調停、意思決定などに最適であるというように。それはまさに、大工が道具の感触をつかみ、その使い方に慣れ親しんでいるように、それぞれの場面を組み立て、その使い方に慣れることが大切なのである。

「青い帽子」はブックエンドのように、常に会議の最初と最後の両方で使われるべきだ。会議の最初で使う青い帽子は、次のようなことを考えるための役割を果たす。

・なぜ自分たちがこの場にいるのか
・これから何について考えようとしているのか
・状況や問題の設定
・選択肢の定義
・求めるべき成果
・どんな結論を導きたいのか
・考え方の背景（バックグラウンド）と特定の帽子を使う場面の設定

そして、会議の最後に使う青い帽子は、次のようなことを考えるための役割を果たす。

・どんな事が達成できたのか
・成果
・結論
・構想や企画
・解決策と次回への課題

最初の青い帽子の次に、何色の帽子を持ってくるかは、メンバーの考え方の性質によって左右される。

例えば、青い帽子の直後に「赤い帽子」が使われることがあるかもしれない。この場合には、最初の設定の場で、すでにテーマに関してメンバーの感情が強く動かされたと考えてよいだろう。このように会議の最初の方であっても、赤い帽子は公然とそれぞれの感情を明らかにする機会を与えてくれる。

かつて、南アフリカ共和国で最初の選挙が行われた時、地方の問題を解決する責任を負っていたPAC（平和協定委員会）の幹部たちに、「六つの帽子メソッド」を指導するよう要請を受けた。その時、彼らは出席者に自分たちの感想や感情を表現する機会を与えるために、「赤い帽子」から会議をはじめることがよくあった。

しかし、ここで一つ注意しておきたい。ある特定の状況では、「赤い帽子」を最初に使うべきではない。例えば、話し合いの最初に、もし社長が自分の感情を表明してしまったら、部下は、社長に同意する必要性を感じてしまうかもしれない。また、事前に感情が強く動かされるといったことがなければ、赤い帽子を使うべきではない。会議の参加者に対して、早い段階で各自の感情を求めても、あまり意味のないことになるからだ。

何かを評価する状況では、「黒い帽子」の前に「黄色い帽子」をかぶることは道理にかなっている。もし、黄色い帽子をかぶって、アイディアの価値をあまり見つけることができなかったら、先に進めても大して意味がないだろう。逆に、黄色い帽子をかぶって多くの価値を見つけられたとして、そのあとに黒い帽子をかぶって障害や困難を数多く見つけたとしても、すでに「利益」を見つけているため、困難を克服しようという意欲が沸いてくるだろう。利益を見ずに、ただ困難な点だけを見つけた場合には、意欲はまったく違ったものになるにちがいない。

会議の最後の青い帽子のあとに、赤い帽子をかぶりたいと思う場合もあるかもしれない。この最後の赤い帽子は、次のような「考え方を演じた」あとの反省の気持ちを表わす。

- **考え方についてどんな事を感じたのか？**
- **出した結果に満足しているか？**
- **良い仕事ができたのか？**

以上は、「六つの帽子メソッド」の指針（ガイドライン）の一例にすぎない。メソッドの公認トレーナーによる正式な訓練期間には、さらに充実した要項があり、さまざまな場面、状況を選択して実践することができる。

一般に、どんな場面であっても、帽子を使った「思考戦略」として道理にかなったものであれば、有効に機能するものである。

グループと個人

「六つの帽子メソッド」の良さは、特にグループ討論や会話の場で発揮される。なぜなら、このメソッドがフリー討論や議論よりも、ずっと効果的な考え方の枠組み（フレームワーク）を提供してくれるからだ。

また、六つの帽子は個人が何かを考える時にも使える。場面が設定された考え方の枠組みは、頭が混乱することもなく、どんな状況にも確実に対応し得る。

六つの帽子は、報告する場合や他のコミュニケーション手段においても使える。この場合も、考え方の枠組みがどんな状況にも対抗し得る。とりわけ、報告においては「相手に警戒を与える」どんな状況でも、相手を攻撃することなく前に押し進めることができるだろう。

グループ内の個人

「六つの帽子メソッド」がグループ会議で使われる時には、議長や進行役は各出席者に個人的な考え方を求めることもできる。それによって出席者から少しでも多くのアイディアを引き出すことができるのだ。グループ討論では、他の人たちの意見を聞くのに忙しくて、自分自身で考える時間がほとんどない場合もあるからだ。

「それでは、黄色い帽子をかぶり直すことにしましょう。討論をはじめる前に、二分間だけ自分の考えをまとめてみてください」

このような個人的な考えは、緑の帽子、黄色い帽子、黒い帽子をかぶる時に、とりわけ有効だ。また、何色かの帽子をかぶっている途中であっても、議長は出席者に個人的な考えをまとめる時間を取るよう求めてもよい。

「さて、緑の帽子の考え方で、みなさん自身の考えをまとめてみてください。これまでと違った考えが生まれることを期待しています」

ほとんどのグループ会議では、適切な帽子をかぶった状態で発表したいと思えばいつでも、自由に自分のアイディアを表明する必要があるが、特定の人に個人的な考え方を求めることもできる。

「スミスさん、まだあなたの考えをうかがっていませんね。この点について、あなたの黒い帽子の考え方はどんなものでしょうか？」

「ヘンリエッタ、君の黄色い帽子の考えが聞きたいんだけど」

ある帽子が指定されていても、その帽子の視点に立ったその人の考え方を聞き出すために、順番に意見を求めることもできる。この場合は、あらかじめ個人的な考えをまとめる時間が設定されていれば、とりわけ効果的だろう。

第3章

「白い帽子」で考える

「紙」を思い出してみよう。プリントアウトされた「書類」を思い出してみよう。白い帽子は「**情報**」に着目した考え方である。白い帽子を使う時には、みんな一斉に情報にのみ意識を集中する。

・**どんな情報があるのか？**
・**どんな情報が必要なのか？**
・**どんな情報が不足しているのか？**
・**どんな質問をしなければならないのか？**
・**必要な情報を得るには、何をしなければならないのか？**

ここでいう「**情報**」とは、事実や数値といった確認できる「**ハード情報**」から、人の意見や感情のような「**ソフト情報**」に至るまで広範囲に及ぶ。もし、あなたが自分自身の感情を表現したいのなら、「赤い帽子」をかぶればよいが、自分以外の人の感情を報告する場合には、「白い帽子」をかぶることになる。

もし、発表された二つの情報の内容が食い違っていたとしても、その点について何ら議論されることはない。二つの情報は**別のもの**として受け取られるだけだ。ただ、どちらかを選択しなければならない時にのみ、どちらか一つが選ばれるにすぎない。

通常、白い帽子はアイディアを求める会議の最初の方に、その考えの背景として用いられる。また白い帽子は、「提案が手持ちの情報とうまくかみ合ったのだろうか？」というような考察をするのに、会議の最後の方に用いることもできる。

白い帽子は「**中立**」であり、身の周りの情報を与えてくれる。しかし、すでに使われていたり、考え出されたアイディアを報告することはできても、新しいアイディアを生み出すために使われるものではない。

白い帽子で重要な点は、不足している、または必要な情報を明確にすることである。白い帽子は問われるべき疑問点を明確にしてくれるのだ。必要な情報を手に入れるために、調査やアンケートといった、さまざまな手段を用意してくれるのが白い帽子なのである。

白い帽子のもつエネルギーは、「**情報を見つけ出したり、準備したりする**」ことに向けられていることを覚えておこう。

事実と数値

・あなたはコンピュータと同じような役割を演じられるだろうか?
・中立かつ客観的な方法で事実だけを与えよ
・決して自己判断を交えず、ただ事実だけを述べてください
・この場合、何が事実なのか?

コンピュータは、まだ感情をもっていない(もし知性をもたせようと思うなら、いずれコンピュータにも感情をもたせなければならないだろう)。私たちがコンピュータに期待することは、必要な時に「事実」と「数値」を与えてくれることだ。決してコンピュータと議論を交わしたり、その議論が正しいことを証明するための事実や数値を期待しているわけではない。

多くの場合、一つの議論には、さまざまな事実や数値が組み込まれている。そして、事実が事実としてそのまま扱われるよりも、むしろ何らかの目的で用いられることが多い。つまり、事実や数値が議論の一部として語られる時、決して客観的に扱われることはないのだ。

そのため、私たちは次のようなスイッチの切り替えが必要になる。

「文句を言わずに、ただ率直に事実だけを述べてください」

しかし不幸にも、西洋的な考え方では議論をする習慣があるため、まず最初に結論を導き出し、次にその結論を裏づけるために事実を当てはめていくプロセスが好まれる。これとは逆に、本書で勧める「地図作り法」（**マップメイキング**）の考え方では、まず最初に地図を作って、そのあとでルートを選択することになる。つまり、マップメイキングでは、最初に事実や数値を導き出さなければならない。白い帽子の考え方は、事実や数値を中立的かつ客観的に扱うよう求めるのに便利な方法といえる。

かつてアメリカで、ＩＢＭの反トラスト法に関する大掛かりな訴訟が起こされたことがあった。ところが、この訴訟は結局、取り下げになった。おそらく、高度に技術化された日本の電子産業との競争に打ち勝つために、アメリカがＩＢＭの力を必要としたからだと思われる。実は、この訴訟の取り下げには、もう一つ別の理由があるのではないかと考えられている。それはＩＢＭがあまりにも大量の裁判資料を提出したため（約七百万件と記憶している）、どの裁判所でも処理しきれなかったというのだ。それに、もし裁判の途中で裁判官が死亡したとすると、裁判をまた最初からやり直さねばならない。というのも、裁判官には、ある程度の年功を積んだ者が任官していたので、裁判中に判事が死亡する可能性が高かったのである。したがって、このユニークな裁判に全生涯をかけるような若々しい裁判官でも現われない限り、訴訟を続けることは不可能だったわけだ。

この話のポイントは、事実と数値を要求する人に対して、その人が圧倒されるほど大量の情報でその要求に応えることも可能であるということだ。

「もし事実と数値が欲しいのであれば、あなたはそれを手に入れることもできます。何もかもすべてを」

事実を単純化しようとする背景には、何か特別な目的があるのではないかと見なされることもあるため、この種の返答も道理にかなっている。

しかし、情報の海で溺れないためにも、白い帽子の考え方を求めている人は、必要とする情報だけを得る目的に、自分の要求を明確にすることができる。

「『失業』に関して、あなたの白い帽子の考えを教えてください」

「学校を卒業して半年になる卒業生たちの就職状況とその人数を教えてください」

このように、質問の焦点を絞って、うまく思考の枠組みを作ることは、情報を聞き出すための一般的なプロセスとなっている。敏腕弁護士などは反対尋問で、よくこの方法を用いる。理想としては、目撃者が白い帽子をかぶって、事実に基づいて質問に答えてくれることだろう。もしそうであれば、裁判官と法廷の弁護士は「白い帽子の考え方」による表現が、非常に役立つことが分かるに違いない。

「私が言ったように、彼は一晩中ギャンブルをしていたので、朝の六時半に自分のアパートに戻ってきました」

「ジョーンズさん、あなたは六月三〇日の夜、被告人がギャンブルしているところを実際に見たのですか？　それとも彼があなたにギャンブルをしていたと言ったのですか？」

「違います、弁護士殿。でも、彼がほとんど毎晩ギャンブルをしに出かけて行っていたことは確かです」

「ジョーンズさん、もしあなたが白い帽子をかぶったならば、どのように証言していたでしょうか？」

「七月一日の朝、六時三〇分に被告人がアパートに戻ってくるところを見ました」

「ありがとう、証人台から降りて結構です」

法廷の弁護士は「常に」道理を通そうとする。彼らの尋問は弁護側の論理の筋道を擁護する目的か、あるいは相手方の論理の筋道を打ち崩すために構成されていく。もちろん、これは白い帽子の考え方とは矛盾するものだ。したがって、裁判官の果たす役割は興味深いものになるのである。

オランダの法制度には陪審制がない。三人の裁判官と裁判所補佐人たちは訴訟事件の事実を見極めるために、まさに「白い帽子」の考え方を利用しようとする。彼らの責務は事実の「地図」を描いてから、判決を下すことにある。このようなケースはイギリスやアメリカでは見うけられない。両国では、裁判官は証拠に基づく裁判の原則を遵守し、弁護士が直接、あるいは陪審を通じて導き出した証拠に対して答えを出す役割を果たしている。

したがって、情報を導き出すために、質問をして考えの枠組みを作ろうとする人は、「自分自身」が白い帽子をかぶっていることを自覚する必要がある。あなたは本当に事実を捉えようとしているのだろうか、それとも頭の中で考えの枠組みを作るために、自分の立場を弁明しようとしているのではないだろうか？

「アメリカでは昨年、七面鳥の肉の売り上げが二五％増加しました。これはダイエット食品や健康食品への関心が高まっていることによるものです。つまり七面鳥の肉は『低カロリー食品』

だと考えられているわけです」

「フィッツラーさん、私はあなたに『白い帽子』をかぶるように頼んだはずです。二五％増加したことは事実ですが、それ以外はあなた自身の意見ですね」

「そうではありません。市場調査によれば、消費者が七面鳥の肉を購入する理由は、コレステロール値が低いと考えているから、という結果が明らかに報告されています」

「ということは、あなたは二つの事実を捉えていることになりますね。事実その一、昨年、七面鳥の肉の売り上げが二五％増加したこと。事実その二、市場調査では、コレステロール値が低いという理由で、消費者が七面鳥の肉を購入するという報告があること」


白い帽子は情報を扱う時、いわば目指すべき方向を与えてくれる。つまり、私たちはできるだけ上手に白い帽子の役割を演じることを目指すわけだ。これは純粋に事実を捉えようとする姿勢を表わしている。したがって、白い帽子を使うには、ある程度の技能（スキル）が必要になる。おそらく、他の帽子を使う時以上に必要になるだろう。


「女性の喫煙者数が増加傾向にあります」

「それは事実ではありません」

「事実です。私はこのような資料をもっています」

「あなたの示した資料の数値は、最近三年間に女性の喫煙者数が以前の年に比べて増加したことを示しています。それは傾向といえるのでしょうか?」

「傾向だといえます。でも、それはあくまで私の見解です。私の考えでは、傾向とは何かが起こって、それが続いていることを示すものだと思います。その資料の数値は事実です。おそらく、心の悩みが増えたことによって、タバコを吸う女性も増えていますから、喫煙者の数が増加してきたのかもしれません。あるいは、過去三年にわたって、タバコの製造業者が異例に多額の資本投入をして、女性にタバコを吸うように仕向けるキャンペーンを展開しただけかもしれません。傾向というのは、最初のうちは多くの機会を提供してくれますが、次第にその数が減っていくものです」

「私は、ただ数値が増加したことで、『傾向』という言葉を使っただけです」

「それは『傾向』という言葉の正しい使い方かもしれませんが、〝何かが進行しているプロセス〟であることを示す別の使い方もあります。それで、純粋に白い帽子の考え方を使って、次のように言う方がずっとよいわけです。『最近三年間は、女性の喫煙者数が増加しています』。そのあとで、私たちはそれがどんな意味があって、どんな原因によるものかを議論することができるのです」

白い帽子の考え方は、**「事実とは何であり」「推定や自己判断とは何であるか」**を心の中で明確に区別させてくれる訓練になる。政治家が白い帽子を使ったら、相当の困難を感じることになるかもしれない……。

それはどんな種類の事実なのか？

- ・それは事実なのか、それとも見込みなのか？
- ・それは事実なのか、それとも信念なのか？
- ・そこに事実はあるのか？

事実と思われているものの中には、ただ誠実に生み出された評価であったり、ある時、個人的に確信をもったことだったりすることも多い。どんな物も厳密に科学的な実験をして、チェックすることなど不可能だ。実際には、私たちは二段階システムのようなものを作って、それに対処している。つまり、**「事実だと信じていること」**と**「確認（チェック）された事実」**の二つだ。

確かに、白い帽子をかぶって、事実だと信じていることを表明することもできるが、後者の方の事実をどうしても明らかにしていかなければならない。

「ロシアの商船隊が世界の貿易で重要な位置を占めている、ということができると思います」

「かつて本で読んだことがありますが、日本企業の幹部社員が高額の交際費を支出するのは、給料をすべて奥さんに渡しているからだということです」

「新型のボーイング７５７は、これまでの飛行機よりずっと静かであるといってよいと確信しています」

批判的な読者の中には、これらの「あいまいで、はぐらかしたような」文章を読んで、どんな人でも思ったことを好き勝手に言うことができると、反論する人もいるかもしれない。

「友人から聞いた話だといって、かつてある人が私に話してくれた。実はチャーチルは秘かにヒトラーを崇拝していたそうだ」

もちろん、証拠のない主張やゴシップ、うわさ話などにも道は開かれている。これは確かな真実である。それでも、私たちは**「事実だと信じていること」**を表明するための方法を持たなければならない。

重要なポイントは、事実が生み出される時に帽子を「使う」ことである。つまり、ある事実に基づいて行動したり、意思決定する前に、それを確認（チェック）する必要があるわけだ。事実だと信じていることのうち、どれが本当に役立つのかを評価し、そのあとでそれが事実かどうかを証明しようとすることが大切なのだ。例えば、ボーイング757が静かであると信じていることが、飛行場用地を定めるのに極めて重要なことであるのなら、それを**「事実だと信じていること」**から**「確認された事実」**へとレベルアップしなければならない。

白い帽子の考え方の重要なルールは、どんな事でも実際の状況より高いレベルに引き上げるべきでないということだ。「自分が信じている」という適切な枠組みさえ与えてやれば、どんな意見でも提案することができる。ただ、二段階のシステムが存在しているということを、心に留めておいてほしい。

また、「事実だと信じていること」にも段階が必要であることを繰り返しておこう。なぜなら、**「試案」「仮定」「挑発」**などは、物を考える場合に必要なものだからだ。これらは事実を前進させる考えの枠組みを与えてくれる。

私たちは今、難しい局面に置かれることが多い。では、「信じていること」は、いつ「意見」になるのだろうか？　ボーイング７５７が静かであると「信じる」ことはできる。それに、多くのストレスが原因で、喫煙する女性が増えているという意見も「信じる」ことができる。

ここで明確にしておきたいのは、白い帽子のもとでは、決して「自分自身の意見」は認められない。それは白い帽子の趣旨そのものを否定してしまうからだ。もちろん、他の人が実際に語った意見であれば報告してもかまわない。

「シュミッツ教授の意見では、人力で空を飛ぶことは不可能だということです」

は、白い帽子の正しい発言になる。

特に注意を要するのは、事実と同じレベルにある「信念」は、単に「あなたが事実だと信じている」ことであり、完全に確認されていないという点だ。ぜひ、次の二つを二つの段階として捉えておいてほしい。

①確認（チェック）された事実

②未確認の事実（信念）

結局、大切なのは出席者の「**心構え**」なのである。白い帽子をかぶっている時は、会議の席に中立的な「**素材**」を提案するのだ。つまり、特定の見方を提案するために、それらの「**素材**」を利用することはできない。そして、何らかの考え方を助成しているようであれば、その提案は疑わしいことになる。これは白い帽子の誤った使い方になる。

しかし、時間が経てば、白い帽子のルールが自然に身に付いてくるだろう。白い帽子をかぶって考える人は、議論に負けまいと人を煙に巻くような発言をすることもなくなる。科学者のような目で観察し、その利用方法が分からなくても動植物の名前を注意深くノートに書き取るような、中立的な客観性が身に付くだろう。地図を描くことが地図制作者の仕事であるように、考え方の地図が描けるようになるのだ。

白い帽子をかぶって考える人は、会議のテーブルの上にさまざまな「**サンプル**」を出して見せるのだ。まるで子供が自分のポケットの中からコインやチューインガム、カエルなどを取り出して見せるように。

日本スタイルの討論

・討論、議論と同意（コンセンサス）
・誰もアイディアを提案しなければ、アイディアはどこから生まれるのか？
・まず最初に地図を作れ！

日本人は決して、西洋流の議論の習慣を受け入れようとはしない。それは、上下関係を重んじる同質社会では、相手と異なる意見を主張することは礼儀に反し、危険な考えだと見なされるからかもしれない。また、互いに尊重し合い、相手の「面目を保つ」ことがことさら重視されるため、議論の応酬を避けるのかもしれない。つまり、日本の文化は西洋のように、人間のエゴイズムの上に成り立ってはいないのだ。

議論は強いエゴイズムを基本としていることが多い。日本の文化がギリシア的な考え方のモデルに影響を受けていないことが、もっとも妥当な説明かもしれない。「議論」はそもそも異教徒の考え方が間違っていることを証明する手段として、中世の修道士によって洗練され、発展してきたものだ。議論しようとしない日本人の姿が、私たち欧米人には奇妙に思えるように、日本人にとっては議論を大切にする私たちが奇妙に見えるのかもしれない。

西洋スタイルの会議では、出席者はあらかじめ自分の考え方をもって会議に臨み、多くの場合、自分たちの望む結論が受け入れられる。したがって、会議では互いに異なった意見の間で議論が交わされ、大方の批判に耐え、最大の賛同を得た意見がどれかを見極める。

つまり、何かを考える際の出発点として「修正」と「改善」を受けることになる。それは、大理石を彫刻するようなものだ。つまり、最初に大きな塊《かたまり》があって、そこにノミを入れて形を仕上げていく過程と同じだ。

同意《コンセンサス》を求める西洋スタイルの会議では、極立った勝者や敗者がいないため、さほど攻撃的な論戦が繰り広げられることはない。つまり、最終的な結論に向けて、出席者が一丸となって議論するわけだ。これは、まさに「粘土を用いて塑像を作る」ような作業である。芯棒のまわりに粘土片を積み重ねていって、最終的な形を仕上げていく。

一方、日本流の会議は、同意（コンセンサス）を求める会議ではない。

日本人の出席者があらかじめ、何の考えも持たずに会議に臨むことは、欧米人が理解に苦しむところだ。つまり、日本人にとって会議の目的は相手の考え方を「聞くこと」なのだ。それでは、どうして会議中に沈黙が広がったり、何の成果も生まなかったりすることがないのか？ 理由は、各出席者が順番に白い帽子をかぶり、「**中立的な情報**」を少しずつ提案するからだ。それはまさに、細かい部分が徐々に書き込まれて複雑な地図が少しずつ完成されていく形態といえる。そして、地図が完成すると、誰にでもルートが明らかになる。しかし、このようなプロセスが、たった一回の会議で実現されることを私は望まない。できることなら、何週間、何カ月間にわたって、会議の機会を多くもってもらいたいと思う。

日本流会議のポイントは、誰もがあらかじめ考えたアイディアを提案しないことである。白い帽子をかぶって情報が与えられ、出席者の目の前でそれがゆっくりと一つのアイディアに生まれ変わっていく。

西洋的な考え方では、アイディアは議論というハンマーを使って、その形を打ち出していく。これに対して、日本的な考え方では、アイディアは植物の新芽のように現われて、それを大切に育てながら大きくしていくというわけだ。

これは、西洋流の討論と日本流の情報の提示との違いを、少しばかり理想化したものではある。しかし、日本の物が何でもすばらしく、それを見習うべきだと言いたいわけではない。双方の違いを明らかにしただけだ。

私たちは自国の文化を変えることなどできない。だからこそ、議論する習慣を乗り越えるための何らかの「**メカニズム**」が必要なのだ。白い帽子は、まさにそのために役立つ。会議でみんなが白い帽子をかぶれば、それはつまり、こう言っていることになるだろう。

「さあ、みんなで日本人になったつもりで、日本式の会議をはじめよう」

白い帽子の考え方のような、人工的な工夫や表現方法が必要なのは、実践的な方法で変革をもたらすためである。「勧告」や「説明」といった方法は、ほとんど実践的価値はない。

ここで、日本人がどうして創意工夫に乏しいのかという点まで、説明する気はない。おそらく、創意工夫は他者が無分別に見えるような考え方に固執しうるエゴイズムに基づいた文化が必要なのかもしれない。私たちは水平思考を意図的に挑発して、もっと実践的な方法でそれを実現することができるのである。この点については8章の「緑の帽子の考え方」で再び取り上げる。

事実、真実、そして哲学者たち

・事実はどれだけ真実に近いのか?
・哲学の言葉遊び(ゲーム)は、どんな価値があるのか?
・絶対的な真実と〝大抵の〟真実

「真実」と「事実」は、私たちが思っているほど近い関係にはない。「真実」は一般に「哲学」として知られている言葉遊び《ゲーム》のシステムに関係がある。一方、「事実」は確認《チェック》しうる経験に関係している（このような事にあまり関心のないリアリストは、次の章へとスキップしていただいてもよい）。

もし、たまたま見た白鳥がみな白ければ、「すべての白鳥は白い」という、大胆な発言ができるのだろうか？　それはできるだろうし、実際、そうすることが多い。差し当たって、その発言は私たちが実際に経験したことを総括する「真実」といえる。その意味では、それもまた「事実」ということになる。

しかし、一度でも黒い白鳥を見たことがあるのなら、その発言は「真実」ではなくなる。私たちはいきなり「真実」から「虚偽」へと立場を移してしまう。しかし、もし「事実」に目を向けているなら、百羽の白い白鳥を見た経験と一羽の黒い白鳥を見た経験とを比較対照する。そこで、経験的な事実に基づいて、「ほとんどの白鳥は白い」とか「大抵の白鳥は白いものだ」「九九％以上の白鳥は白い」などと言うことができるわけである。

この「大抵」という表現のもつ実際的な価値は絶大であるが（「大抵の子供はアイスクリームが好きだ」「大抵の女性は化粧品を使っている」など）、その論理的な価値はゼロに等しい。「すべての白鳥が白い」ことを断定するためには、「すべての」という言葉が極めて重要になる。そのために論理学では、ある絶対的な真理から別の真理へと論理を展開していかなければならない。

「もしこれが真理であるなら、それは次のようになる……」

もし、黒い白鳥に初めて出くわしたなら、黒い白鳥に別の名前を付けない限り、「すべての白鳥は白い」という断定的な発言は「真実」ではなくなる。それは言葉や定義の問題になってくる。もし、白鳥を決定づける必要条件として「白い色」を選ぶなら、黒い白鳥は別の鳥になってしまう。一方、必要条件としての「白い色」を捨てるなら、黒い白鳥も同じ仲間に含めることができるし、白鳥を決定づける条件自体も別の特徴になるだろう。このように決定条件を作り出したり、変更を加えたりすることが哲学のエッセンスとなるわけだ。

白い帽子の考え方は「**利用できる情報**」と関係がある。そのため、「**大抵**」とか「**概して**」といった表現を使うことができる。このように、どちらかといえば、あいまいな表現に特異性を与えるのが統計の目的なのだ。しかし、そのような統計を集めることが必ずしもできるとは限らないため、私たちはしばしば二段階のシステム（「信念」と「確認された事実」）を用いなければならないわけだ。

「将来の見込み利益を当てこんで投資する企業は大抵、憂き目を見ることになる」（一方、そのような見込み投資をして成功を収めている企業も少数ながらあることは事実だ）

「物価が下がると、売り上げは上昇する傾向にある」（住宅の価格が上がると、投機目的やインフレ懸念、あるいは時流に乗り遅れたくないといった理由から、現実にはその売り上げが延びるかもしれない）

「懸命に働けば、あなたは人生で成功するだろう」（働きすぎた人の多くは、必ずしも成功しているとは限らない）

事実の「見込み」を段階表示すると、次のようになるだろう。

・常に真実（always true）
・ふつうは真実（usually true）
・一般に真実（generally true）
・大抵（by and large）
・ほぼ（二回に一度以上は）（more often than not）
・しばしば（often）
・ときどき真実（sometimes true）

・たまには真実（occasionally true）
・真実のときもある（be known to happen）
・決して真実でない（never true）
・真実ではありえない（矛盾している）（cannot be true）

白い帽子をかぶった場合、どの段階まで降りていけるのだろうか？　例によって、この質問に対する答えは情報の枠組みの中に在る。例えば、たまにしか起こらないようなでき事を知っておくのも、何かの役に立つかもしれない。

「ハシカはふつう害はないものですが、例えば耳に感染したりして、〝ときどき〟二次感染することもあります」

「〝非常に稀な〟ケースですが、ワクチン注射のあと脳炎が併発することもあります」

「この血統の犬は怒ると、〝時に〟子供にかみつくこともあります」

明らかに、この種の情報に注目しておく価値はあるようだ。ただし、そこに問題が隠されていることもある。例えば、二つ目の文例では、ワクチン注射のあとに脳炎が併発することを知った人は、統計的に出ている危険性の何千倍も深刻に受け止めるかもしれない。したがって、不注意による誤った情報を避けるためにも、正確なデータを提供することは重要になってくる。

では、白い帽子をかぶって、次のようなエピソードを語ってもよいのだろうか？

「かつてパラシュートもつけずに飛行機から飛び降りて、命が助かった人がいた」

「フォードは市場調査に基づいて『エドセル』をデザインしたが、それはまったくの失敗作であった」

これらの文章は、確かに事実を語っており、白い帽子をかぶってそんなエピソードを表現する自由もあるだろう。しかし、そこに「エピソード」や「事例」としての枠組みを、次のようにきちんと与えるべきである。

「市場調査に基づくデザインは失敗することもよくある。例えば、フォード社の車『エドセル』

がそうである。市場調査に基づいてデザインされたそうだが、完全な失敗作であった」

前者のような表現は、「市場調査に基づくデザインが失敗する」ことを裏づける資料がない限り、白い帽子の考え方として正しいとはいえない。猫も屋根から落ちることがあるが、それはあくまであまり起きない事なのである。

白い帽子の思考法の目的は、その実用性にある。だから、どんな種類の情報も提供できるはずだ。そのポイントは、「正しい考え方の枠組みを作る」ことである。

「専門家はみんな、年度末には利率が下がるだろうと予測している」

「私は四人の専門家と話し合ったが、四人はそれぞれ、年度末には利率が下がるだろうと予測した」

「私はフリント氏、ズィーグラー氏、カリアット氏、それにスアレズ氏とそれぞれ話し合ったが、四人とも年度末には利率が下がるだろうと予測した」

以上のように、ここまで話してきた表現の正確さを示すために、三段階の例文を紹介したが、三つ目の例文でさえ、まだ十分とはいえない。「いつ」あなたが専門家と話し合ったかという情報を知りたい。

白い帽子の考え方に、絶対的なものはない。それは、あくまで改善へと努力すべき「方向」なのだ。

誰がその帽子をかぶるのか?

- あなた自身がその帽子をかぶってください
- 誰かにその帽子をかぶるように求めてください
- みんなに白い帽子をかぶるように求めてください
- 帽子をかぶったら、質問に答えるようにしてください

「六つの帽子メソッド」では、ほとんどの状況で、右のような発言をすれば事足りるだろう。つまり、誰かに帽子をかぶるように求めたり、また求められたり、選んだりする。

「販売キャンペーンがうまくいかないのは、何が悪いんだろうか？」

「販売活動をしたのは、小売商の三四％に達しています。そのうち、商品を仕入れた小売商は六〇％だけです。商品を仕入れた小売商の四〇％は、試用のために二つの商品を仕入れました。そして、質問をした小売商のうち、七〇％がその商品が高すぎると答えました。さらに市場では、もっと安い二社の競合商品とも争っていかねばなりません」

「今度は赤い帽子をかぶって、あなたの考え方を述べてください」

「我が社の商品は質が悪く、しかも高すぎます。市場に悪いイメージを植え付けてしまったようです。ライバル企業は宣伝活動も上手で、その商品も広く知られています。小売商たちも我が社に魅力を感じていません」


ここでは、赤い帽子の考え方の〝感覚的な〟側面が、より重要になるかもしれないが、白い帽子では、潜在的な購入者たちの意見を報告することを除いて、このような〝感覚的な〟側面を表現することはできない。

「みんなで白い帽子をかぶって、青少年の犯罪について話し合うことにしましょう。例えば犯罪件数はどれくらいなのか？　事件現場やその状況はどうなのか？」

「最新のコンピュータを発注するつもりだそうですが、それに関して、あなたの白い帽子の考えを聞かせてくれませんか？」

「我が社の大西洋航路の料金が二五〇ドルを下回ったらどういうことになるか、あなたの予想を知りたいのではありません。私は白い帽子をかぶったあなたの考えが知りたいだけです」

明らかに、白い帽子の考え方では、予感や直観、あるいは経験、感覚、印象、私見などに基づく判断といった重要な意見は除外される。もちろん、それこそが白い帽子をかぶる目的なわけだ。

つまり、純粋に「**情報だけ**」を求める方法なのである。

「あなたは私が転職した理由について、白い帽子の考えを尋ねているようですね。まず、以前の仕事は給料がよくなく、特別報酬の機会も少なかったです。通勤距離は今の会社とさほど変わらず、職種も同じです。年功がまったく評価されませんでした。白い帽子でお答えする点は以上です」

白い帽子のまとめ

データを入力すると、情報や数値を即座に弾き出してくれるコンピュータをイメージしてほしい。コンピュータは公平かつ客観的である。何の説明もいらないし、自分の意見を述べることもない。白い帽子をかぶる時、人はコンピュータをまねる必要がある。

そして、特定の情報を手に入れ、しかも誤報を避けるためには、質問者は正確で念入りな質問をするべきだろう。

実際には、情報には二つの段階がある。第一のレベルは、真偽が確認された事実――第一級の事実。第二のレベルは真実だと考えられているが一度も真偽を確認されていない事実――第二級の事実。さらに真実に類似した段階《レベル》、つまり「常に真実」といったものから「真実とはいい難い」ものまで、あいまいな段階もある。また、この両極の間には、例えば「大抵」「ときどき」「たまに」といった中間もある。あいまいな段階の情報を示すことが、その状況において適切な「枠組み」であると考えられるなら、白い帽子をかぶって、この種の情報を相手に伝えることもできる。

白い帽子をかぶって考えることは一種の訓練であり、方向づけである。情報を提供する時、考える人は、より公平で客観的であるように努力すべきなのだ。

白い帽子をかぶるように求められたなら、素直にそれを受け入れ、逆にあなたも誰かにそれを要求してほしい。また、白い帽子をかぶっている時も、脱いでいる時も、意思決定は自分の力でしてほしい。

白（無色）のもつ意味は「**中立性**」なのである。

第4章
「赤い帽子」で考える

「炎」を想像してみよう。「暖かさ」を想像してみよう。そして「**感情**」を考えてほしい。

赤い帽子では、何の説明もいらず、それを正当化する必要もない。あなたの「**感情**」や「**情緒**」「**直観**」などを直接、表現する機会を与えてくれるからだ。

一般のビジネス会議では、私情をそこに差しはさむことはできないだろう。どんなに感情を出したくても、ぐっと抑えているはずだ。赤い帽子はそんな感情や情緒、直観を表現するための、ユニークで特別な機会を与えてくれる。

直観は多くの経験の上に成り立っているかもしれない。

「この人はその仕事に打ってつけのような気がする」

「これは危険な冒険のように思う」

「私の直観だと、この説明は難しすぎるわ」

このような感覚《フィーリング》は役に立つ。しかし、直観が必ずしも常に正しいとはいえない。かの偉大なアインシュタインの直観でさえ、ハイゼンベルクの不確定性原理を却下するという誤りを犯している。

赤い帽子をかぶれば幅のある感情表現ができる。例えば、**「それに夢中だ」「それがとても好き」「気に入っている」「好きでも嫌いでもどちらでもない」「よくわからない」「疑わしい」「頭が混乱している」「不満である」「それが嫌いだ」**などだ。それに感情表現は、その国の文化によっても変化する。日本などでは、感情は極力、抑えて表現される。「それについてもっと考えようとは思っているのですが」という発言も、アメリカでは、もっと率直に感情が表現されて次のようになる。

「それは何ともお粗末な考え方だね」

感情を説明したり、正当化する必要はない。事実、それは議長によって禁止されるべきである。もし、出席者がどうしても自分の感情を確認しなければならないと思ったならば、確認すべき「感情」だけを表現すればよいだろう。ただし、「説明」は許されない。どんな場合にも、その時感じたありのままの感情を表現しなければならない。もしかしたら、二〇分後にはその感情は変わっているかもしれない。時に、会議の始めに出席者の感情を確認するために、赤い帽子が役立つこともある。また、その感情が変わらなかったかを見極めるために、会議の終わりにもう一度、赤い帽子をかぶることも有効である。

赤い帽子は、いつも特定のアイディアや状況に用いられる。そのため、アイディアを変えることは許されない。

例えば、「義務的な寄付について、あなたの赤い帽子の考えを聞かせてください」と意見を求められた場合、次のように答えることは許されないのだ。「もし、その寄付がボランティアなら、その考えには賛成なのですが」

赤い帽子がどんな目的に対して用いられているのかを、明確にしなければならない。そうでないと、混乱が生じる。もし必要ならば、議長は一つのアイディアを別の表現法（修正を加えた形）で提案し、赤い帽子の考え方もその表現法で求めることもできる。

赤い帽子は「**知的な感覚**」を表現することもでき、それはとても効果的である。

「そのアイディアには可能性があるような気がする」

「そのアイディアはとても興味深い」

「そのアイディアは非常にユニークだ」

赤い帽子は、常に「個人」を基本に用いられる。会議に出席する人はそれぞれ、議論されている問題について、順番に赤い帽子をかぶって自分の感情が求められる。

会議の席で赤い帽子をかぶっている状況で感情を尋ねられた時、「パス」と言うことはできない。言うことが決まらなくても、例えば「中立的な立場である」「まだ結論を出していない」「今迷っている」「少し疑いをもっている」「頭が混乱している」といった答えはできるだろう。もし、「頭が混乱している」といった発言が出されたなら、進行係は「どんな点で混乱しているのか」を尋ねることもできるだろう。

赤い帽子の目的は、**「個々人があるがままの感情を表現する」**ことであり、決して判断を強要するものではない。

情緒と感情

- ・中立かつ客観的な情報とは正反対
- ・予感、直観、印象
- ・正当化する必要はない

・理由や根拠を説明する必要はない

赤い帽子の考え方には、情緒や感情、理性では説明できないような、あらゆる事柄が含まれる。赤い帽子はそれらを明らかにするために、総合的な地図の正しい要素として、形式的で明確な道筋《チャンネル》を与えてくれる。

もし、考えるプロセスに情緒や感情が入り込む余地がないのなら、それは秘かにすべての考えに影響を与えつつ背後に潜んでいることになる。情緒や感情、予感や直観などは現実的で強い力をもっているのだ。赤い帽子はそれをきちんと認識している。

赤い帽子の考え方は、中立的で客観的、情緒的な色合いに染まっていない「白い帽子」の考え方と、まさに相反するものである。

「理由を尋ねないでよ。私はただこの取引が気に入らないだけなんだ。それはひどいよ」

「私は彼が好きではないし、彼と取引をしたくないのです。ただそれだけのことです」

「教会の裏にあるこの小さな土地が、二、三年もすれば大きな価値を生み出すような気がするんだよ」

「あのデザインを見ると、ゾッとするね。あれじゃ、客に受けないよ。金の無駄遣いだね」

「ヘンリーには弱いんだ。彼は口が達者で、確かに私たちがうまく乗せられていることは分かっている。でも、彼のやり方はシャレているんだ。私は彼を気に入っている」

「私はこの取引がうまくいかないような予感がする。結局、費用のかかる裁判沙汰になってしまうだろう」

「私のカンでは、これは出口の見えない袋小路のような気がする。この件からはもう手を引こう」

「契約にサインするまで、この情報を伏せておくのはフェアーじゃないと思う」

この種の感情を表現したいと思っている人は、赤い帽子に手をのばすべきである。赤い帽子は、ほんのちょっとした心の動きから直感に至るまで、どんな感情表現も正当に認めているのだ。

考える時の感情の役割

・感情は思考の妨げになるのか、それとも思考の一部になるのか？
・どの時点で感情が入り込んでくるのか？
・感情的な人は上手に考えられるのだろうか？

昔から、感情は思考を妨げるという一般的な考え方がある。良い考えを生み出す人は冷静で私心がなく、感情にとらわれない人とされている。良い考えを生み出すには、客観的で何事も感情にかかわることには影響されず、自己の判断でありのままに捉える必要がある。この点では、女性はやや感情的なので、良い考えを生み出すことができないといわれることもある。つまり、すぐれた意思決定をするために必要な冷静な判断力に欠けていると考えられているわけだ。

しかし、どんなにすぐれた意思決定であっても、結局は「感情」の問題なのだ。この「結局は」という点を強調しておきたい。地図を作るためにあれこれ知恵を絞る時、どのコースを選択するかは、私たちの**「価値判断」**と**「感情」**に頼ることになるはずだ。この点については、もう少し先で詳しくお話しする。

「感情」は私たちの思考に妥当性を与え、私たちが必要とするものや、その時々の状況にうまく適合させてくれる。感情は脳の働きにとって不可欠な要素であり、その働きを侵害する人間の野性的な状態でもなく、また過去の遺物でもない。

感情が思考に影響を及ぼす点については、次の三つが考えられる。

まず、恐れ、怒り、憎しみ、ねたみ、愛情といった思考の背景となる強い感情だ。このような背景はあらゆる認識に形を与え、色づけをする。赤い帽子の目的は、その背景となる感情を目に見える形にすることであり、それがどんな影響を及ぼすのかも見せてくれる。そのような背景から来る感情は、人や状況に直接結び付いているし、別の行為の動機となることもあるため、すべての考え方は感情によって左右されているのかもしれない。

次に考えられるのは、感情は第一印象に影響されやすいことだ。あなたが、もし誰かに侮辱されたと感じたなら、それ以後、その人に対するあなたの印象は「侮辱」という感情によって色づけされる（もしかしたらそれは誤解かもしれないが）。ある人が利己的な見地から意見を述べていると感じたなら、あなたはそれ以後、その人が言うことはすべて割り引いて聞くことになる。また、誰かの話をただの宣伝文句にすぎないと受けとめたなら、その人にどんなことを言われても、信じなくなるだろう。

このように、私たちはとかく軽率な判断をしがちであり、そこから生まれる感情の虜《とりこ》になってしまう。赤い帽子は、このような沸き上がった感情をすぐ表面に出し、目に見える形にしてくれる。

「もし私が赤い帽子をかぶらなければならないとすれば、あなたの意見は会社の利益のためというよりも、あなた自身の利益のためだと思えます」

「赤い帽子をかぶって考えると、私にはあなたが株主の利益よりも、自分の立場を守るために会社の合併に反対しようとしているように思います」

感情が思考に介入しうる三点目は、状況の地図が完全に描かれたあとである。完成した地図には、赤い帽子によって出てきた感情も当然、含まれていなければならない。多分にエゴイズムも含まれているそんな感情は、どの道筋を進むのかを選択するのに役立つ。どんな意思決定も価値判断に基づいている。そして、私たちは価値判断に対しては、感情的な反応を示す。例えば、「自由」という価値に対する反応は、とりわけ自由を奪われた時には感情的になってしまう。

「ここまで、地図をかなり明確に描けたので、このへんで赤い帽子をかぶって、感情がどれを選択するのか見ていきましょう」

「このまま対立を続けるのか、それとも話し合って決着をつけるか、二つの道が残されています。私としては前者を選びたい。決着をつけるためには、まだ十分に機が熟していないように思われます。それに双方とも譲歩しなければならないほど損害を被ってはいない」

ある問題に対する感情表現が重要であることを理解している人は、赤い帽子が地図を仕上げる時に役立つことが分かるだろう。

しかし、赤い帽子の考え方は、本当に隠しておくべき感情を描き出すことができるのだろうか？

「私は彼女が任命されることに反対です。その理由は彼女に対して、そして彼女の早い出世に嫉妬しているからです」

果たして、このような嫉妬心を本当に打ち明ける人がいるのだろうか？

おそらく、そんな人はいないだろう。しかし、赤い帽子をかぶって考えれば、そんな懸念も無用のものになる。

「私は赤い帽子をかぶろうと思います。そして、アンネの昇格に反対する私の気持ちが、いく分、私の嫉妬心によるものであることを正直に話します」

あるいは、

「私は赤い帽子を隠れみのにして、アンネの昇格に反対している私の気持ちを伝えたいと思います。それが今の私の正直な気持ちです」

もちろん、忘れないでほしいのだが、自分の心の中だけで赤い帽子をかぶろうと決めることもできる。この場合にも、感情がうまい具合に表面に現われてくることになるだろう。

「たぶん恐怖心があるんだわ。仕事が変わって生じる混乱を恐れているのです」

「そう、私はとても腹立たしい。今は自分の立場を堅持したいと思うだけ。人を欺くことが何より気に入らない」

「正直に言うと、この仕事が不満なんだ」

赤い帽子をかぶることは、感情を見つけ出すための勇気を与えてくれる。

「この状況では、どんな感情が沸いてくるのだろう？」

直観と予感

・直観にはどんな価値があるのか？
・直観はどのように価値判断すればよいのか？
・直観はどのように使われるのか？

「直観」という言葉は二通りの意味で使われる。そのどちらも正しい。しかし、脳の機能からいえば、この二つはまったく異なっている。

まず、直観は「突然、何かを見抜く」といった意味で使われる。つまり、ある方向から見えていたものが、ある時突然、別の方向から違った光の下で見えるようになるという意味だ。これは創造的な活動や科学的な発見、あるいは数学の飛躍的な進歩などにつながっている。

「勝者からすべての敗者に注意の目を向けて考えるなら、あなたはすぐに一三〇試合が必要なことが分かるだろう。なぜなら、一三一人の参加者のうち、一三〇人が負けることになるのだから」

直観という言葉のもう一つ別の使い方は、ある状況を「即座に認識したり理解したりする」ことである。それは経験に基づく複雑な判断の結果である。その判断は、おそらく説明することも、言葉で表現することもできないだろう。あなたが友人を認識する時も、即座にそのような複雑な判断を下しているのだが、それは多くの要因に基づいている。

「直観ですが、この電気自動車は、まず売れないだろう」

この発言での直観は、類似の商品を扱ったり、一定の価格で売買する見込みなど、市場の知識に基づいているかもしれない。

ここで言いたいのは、二つ目のタイプの直観、つまり「複雑な」判断のことである。

直観と予感、感覚は互いに似通ったものだ。予感は直観に基づいた推測である。感覚は美的感覚のようなもの（趣味や好みといったもの）から、厳密な価値判断によって表現できるものまで幅広い。

「いざとなったら、彼は戻ってくる気がする」

「この殺人事件では、バスの切符と自転車が重要な手掛かりになるような気がしてならない」

「この読みが間違っているような気がする。あまりに複雑すぎてまぎらわしい」

成功した科学者や実業家、戦略家などは、いずれも状況を「読む」ことができる。実業家についていえば、彼らは「金の匂いを嗅ぐ」そうだ。つまり、利益を生み出す源泉は誰の目にも簡単に見つかるものではなく、金に対してとりわけ鋭い嗅覚を持った人間だけが、探し当てることができるのだ。

直観はいつも正しいとは限らない。とりわけ、ギャンブルの世界では直観が人を裏切ることがよくある。例えば、ルーレットで八回連続して赤が出たから、次はきっと黒が出るだろうという強い直観が働く。ところが、ゲームの確率はどんな時にも正確な数字を打ち出すだけなのだ。つまり、ゲーム台ではいつも読みが的中するわけではない。

それでは、「直観」や「感覚」をどのように扱えばよいのだろうか？

まず第一に、赤い帽子の考え方でそれらを適正に判断する必要がある。赤い帽子をかぶることにより、私たちは自分の「感覚」を見つけ出し、それが正しい考えの一要素として表現できるのだ。おそらく、感覚と直観とでは別の帽子をかぶるべきかもしれないが、それではあまりにも複雑すぎて混乱が生じるだけだ。両者は互いに性質が異なるが、「感覚」と考えて同じものとして扱うことができるように思う。

直観的判断をした理由を分析してみることもできるが、おそらく成功する見込みはほとんどないだろう。では、もしその理由が分からなくても、直観的な判断を信頼すべきなのだろうか？

直観的な判断に大きな比重をかけることは難しいかもしれない。ここでの最善策は直観を状況判断の地図の一要素として扱うことである。また、「アドバイスを与えてくれる人」と考えてみてもいいだろう。例えば、その人から過去に実績のあるアドバイスを受けたことがあるなら、その人の忠告に注意深く耳を傾ければよい。直観が多くの機会で正しかったならば、それだけ注意深く耳を傾ければいいのだ。

「論理的な判断では誰もが価格を下げることに反対しているようですが、私の直観では、市場のシェアを回復するにはこの方法しかないように思います」

経験豊富なビジネスマンなら誰しも「機を見極めるセンス」が発達している。そんな人は積み重ねてきた長い経験により、どんな取引をすべきで、どんな取引をすべきでないかを直観で読み取ることができる。ビジネスの世界では、直観は非常に価値のあるものかもしれない。なぜなら、それが経験から打ち出されたものだからだ。

直観のもつ価値は「損益計算書《バランスシート》」を見て判断することもできる。つまり、直観は必ずしも正しいとはいえないが、それによって失敗することより成功することの方が多ければ、全体としてはプラスの評価を下すこともできるだろう。

ただ、直観を絶対的に正しい神のお告げのように扱うことは危険だ。あくまで、直観は考え方の一要素にすぎない。しかし、それは一つの手段として存在するものであり、役立つものなのである。

「赤い帽子をかぶって、この合併案について、直観でどんなことを感じるのか聞かせていただけませんか？」

「赤い帽子で考えると、不動産価格はすぐに急上昇するような気がします」

「新しい販売促進キャンペーンについて、赤い帽子による意見を聞かせてくれますか？」

「私の赤い帽子による考えでは、この企画は受け入れられないような気がします」

では、「**直観**」と「**個人的な意見**」との接点はどこにあるのだろうか？

すでに見て来たように、白い帽子では、個人的な意見を言うことはできない（ただし他の人が言った意見を伝えることはできる）。理由は、個人的な意見が自己判断や解釈、直観などに基づいているからだ。直観と意見とのバランスは、既知の事実を判断する側と未知の事実に基づく感覚の側との間で保たれているのかもしれない。個人的な意見は、「**赤**」「**黒**」「**黄**」の帽子をかぶって発表することができる。とりわけ、赤い帽子をかぶった時は、感覚として自分の意見を述べるのがベストなのである。

「私の感覚では、若者の犯罪の大半はその怠惰な生活が原因になっているような気がするよ」

「映画の派手な宣伝プロモーションは、入場料の値上げで観客にはね返っているような感じがするな」

一瞬一瞬

・反応と不安
・「この会議での私の感想はこうです」
・感情を見せるかそれとも隠すか

赤い帽子による感情は、会議や討論、会話の途中で、**いつでも**表明することができる。その感情は、会議で議論されているテーマに限らず、議事の進行方法についてでもよい。

「私は赤い帽子をかぶって、この会議の進行方法が気に入らないことを伝えようと思います」

「赤い帽子の発言をします。今、無理やりみんなが望んでいない同意に持ち込もうとしている

ような気がします」

「フーパーさん、私の赤い帽子の考え方では、あなたは他の人の意見に耳を傾けていません」

「私は自分の思っていたことを述べましたので、赤い帽子を脱ごうと思います」

会議の間に沸き上がる感情の自然な流れに比べると、赤い帽子をかぶった発言はわざとらしく、蛇足のように思えるかもしれない。怒りの念を表わすために、あなたはわざわざ赤い帽子を「かぶる」必要があるのだろうか？　わざわざかぶらずに、表情や声のトーンによって、自分の感情を表現することはできないのだろうか？

赤い帽子の真の価値は、まさにその「**わざとらしさ**」にある。一般に、人間の感情が表われるまでには、ある程度の時間が掛かるし、それが消えるまでにもさらに長い時間が掛かる。腹立たしい思いをしたり、気に入らないこともあるだろう。人から責められたり、逆に人を責めたりすることもあるだろう。ある意味、赤い帽子をかぶったり脱いだりすることで、ほんのわずかな時間で、自分の感情に火を点けたり消したりできるといえるのかもしれない。つまり、赤い帽子をかぶって出された意見は、形式的な表現だと見なされるため、それをかぶらないで語った意見より私心がないと受け取られるのだ。

赤い帽子をかぶることで、けんかに走ろうとする気持ちを抑えることができる。腹が立つたびに赤い帽子をかぶらなければならないのは、何とも不便なことかもしれない。しかし、ひとたび赤い帽子をかぶるというルールを決めたなら、そのルールにそっていなければ、逆に、感情的な視点で意見を述べることが無作法に思えてくる。

赤い帽子は感情や情緒をうまく表現するための経路を用意してくれるため、それらが決して偶然に表われるようなことはない。したがって、感情を表現したいと思った人は、それにふさわしい方法を手に入れたことになるわけだ。

もはや、他人の感情を推測する必要はない。赤い帽子によって、それを直接、尋ねる手段を手に入れたのだ。

「赤い帽子をかぶってもらって、私の申し出に対してどう思っているのか、意見を聞かせてほしいんだけど」

「私のことを嫌っているようだけど、私は赤い帽子の答えがほしいと思っているの」

お互いの心に何の疑いもない恋人同士でさえ、「愛してる」という言葉は何度聞いてもうれしいものだ。

「赤い帽子モードに切り替えて、私はこの会議の進行方法がとても気に入っていることを伝えたいと思います。みなさんも同じ意見でしょうか？」

「ここにいる全員が、この契約が成立してサインされることを望んでいると思うのですが、モリソンさん、あなたの赤い帽子によるご意見はいかがなものでしょうか？」

赤い帽子による表現は、決して誇張すべきではないし使い過ぎてもいけない。感情を表現するたびに、正式に赤い帽子を使う必要はない。自分の感情を表現する時や形式的に求められた時にだけ使えばよいのである。

「もし、あなたがさらに赤い帽子の発言をするのなら、私は赤い帽子を脱ぎます」

「赤い帽子による総括的な意見を尋ねてから、別のテーマに移りたいと思います。この件につ

いて、あなたはどのように感じておられますか？」

「赤い帽子をかぶって少しばかり発言させていただきたいと思います。そのあとは、もうその帽子をかぶらないつもりですから」

感情を利用する

・思考によって感情を変えることができるのか？
・感情の背景
・交渉としての感情
・感情、価値判断、選択

赤い帽子を使って感情が表明されると、それを深く探求しようとしたり、それを変更しようとする人もいる。それは赤い帽子の本来の機能ではない。

考えることで感情を変えることはできる。ただし、それは論理的な手段によってではなく、認識的な手段によるものである。例えば、ある事柄を異なる方法で解釈すれば、異なる認識によって感情を変えることができるわけだ。

「それを欠点と見なしてはいけない。そうではなく、彼のテニス技術の長所や短所を見つけ出すための有効な手段と考えるべきだ」

「もし、あなたからの発案だとすれば、この企画は受け入れられるだろうか？」

「それは判断ミスではなく、人間形成に不可欠な経験として考えるべきだよ。人生経験はいつも高くつくものだ。大事なのは二度と同じ失敗を繰り返さないことなんだ」

感情を変えたり消し去ったりするような認識方法を、常に見つけ出せるとは限らない。しかし、それを見つけ出そうと努力する価値はある。

表に出された感情が、考え方や討論の情緒的な背景を作り出すこともある。このような情緒的な背景は常に意識されているが、意思決定や計画などがそれとぶつかるような時には、はっきりとそれに気づくことになる。時には、異なる情緒的な背景をイメージしたり、それによって状況がどのように変わったのかを見極めることも役に立つ。

「私たちは全員、この話し合いが疑心暗鬼の中で行われていることを分かっています。もし、みなが互いに信頼し合っているのなら、私たちの考えがどのように変わるのかイメージしてみましょうよ」

「ここでの意思決定はたいした結果を生み出さないだろう、といった空気が感じられます。状況は変わってしまいましたが、まだすべてが手の届く範囲にあることをイメージしてみましょう」

「どこか苛立ったような雰囲気がありますね。それを見過ごしてはいけません」

すでに述べたように、「感情」や「感覚」は状況の地図の中で**色の付いた部分**だ。赤い帽子をかぶる習慣により、私たちは情緒的な観点から地図上に濃く色づけられた「地域」を区別することができる。これによって、話し合いを解決しようとする時に、その部分を避けることができるわけだ。

「あなたからの、ライバル企業のために働くことを制限するという提案は、確かに慎重に扱うべき問題です。しばらくその話題を避けておきましょう」

「労働組合は賃金カットを含む解決策を決して受け入れないだろう。彼らはそれに対して断固として反対しているんだ」

「交渉」を有利に導くために、人はよく感情に訴えることがある。私はここで何も、無愛想な態度や脅迫、ゆすり、泣き落としなどについて語るつもりはない。ただ、情緒的な価値には、いくつかの問題点があることをいっておきたい。交渉は、情緒的な価値が流動的な性格であることに基づいている。つまり、あるグループにとって何らかの価値をもつ物が、別のグループにとっては、また違った価値をもっている場合もあるということだ。これらの情緒的な価値は、赤い帽子の考え方によって率直に表現することができる。

「労働組合が仕掛けてくる障害をいかに回避するかが、我が社の生産性にとって死活問題なのだ」

「この場合、正規の懲戒手続きに従うべき旨を主張しているのです。私たちは何も、ジョーンズが無実であることが言いたいのではなく、しかるべき手続きを順守しなければならないことを言いたいのです」

どんな考えも考える人を満足させることが、その最終目標であるといった意見もある。したがって、考えることは結局、相手の感情を満たすことがその目的となる。

しかし、この点で困難な問題が三つ生じる。提案された「コース」は相手の要望を満たすために、果たして本当に役立つものだろうか?

「価格の引き上げが、現実的に売り上げの増加につながるとは思えません」

困難の二点目は、あるグループの要望を満たすことが別のグループにとっては負担になることもある。

「残業を増やすことも、従業員を増やすこともできるでしょう。しかし、残業を増やせば、現行の労働者のメリットにはなりますが、従業員を増やせば失業中の人のメリットになるわけで

す」

困難の三点目は、「短期の満足」と「長期の満足」という葛藤である。この点についてはキリスト教の基本教義を考えれば明らかになるだろう。世界征服を果たしても、その人が魂を失ってしまったら、いったいそれがどんな利益をもたらすのだろうか？

「広告料金を値上げすれば、すぐに増益を見込めるでしょう。しかし、長い目で見れば、得意客が他のメディアに鞍替えすることになるでしょう」

「他社の利用客を引きつけるために、飛行機運賃を値下げすれば一時的には優位に立つことはできます。でも、他社も右へ倣えで運賃を値下げしたら、我が社は再び利用客を失うことになるでしょう。それだと、収益低下の問題は何ら解決されたことにはならないのです」

「このお皿に盛ったフライドポテトを食べたいのは山々だけど、体重と相談しなければならないのよ」

「私はネリーダが好きだから、彼女が主役を演じるこの劇にお金を投じることもできるけど、他の劇でも、もっと彼女を見たい気がするな」

「技術革新に刺激を与える推進役と見なされるのはうれしいけれど、私に投資してくださる人たちは、もっと長い目でゆっくり着実に、成長することを望んでいるのも承知しています」

感情は考えるための手段ともなるし、それ自体考えるべき対象ともなるものだ。しかし、感情から考えるための手段だけを取り去って、考えるべき対象だけをそのまま残そうとしても無駄なことである。

感情の言葉

・感情は論理的であったり、首尾一貫している必要はない
・感情はもっとふさわしい言葉と波長を合わせることもできる
・感情を正当化しようとする誘惑に抵抗する必要がある

赤い帽子をかぶる時にもっとも難しいことは、表に出した感情を正当化しようとする誘惑に抵抗することである。そのような正当化が正しい場合もあれば、間違っている場合もある。いずれの場合にも、赤い帽子の考えは正当化する必要がない。

「なぜ彼のことが信用できないのか説明する必要はない。君が彼のことを信用できないと思うだけで十分なんだ」

「君はニューヨークに事務所を持つ案を気に入っているんだね。その理由について、今のところ細かい説明は無用だ。君の心が決まった時点で、それを説明すればいい」

私たちは、それが論理的な考え方ではないために、感情や感覚について言い訳をしようとする。しかし、それは「**感情**」や「**感覚**」を論理の延長線上にあるものとして考えているからだ。例えば、もし誰かのことを好きだとすれば、そこにはちゃんとした理由がある。また、ある企画を気に入っているなら、その理由も論理に基づいているに違いない。しかし赤い帽子は、そのような理由づけを必要としない。

それは誰もが抱きがちな先入観や偏見から私たちを解放してくれるということだろうか？　そ

ここには少しばかり危険が伴っていないだろうか？　そうではない。逆に、明らかな論理に基づいた先入観は、感情的な特徴をもった先入観よりずっと危険なのである。

感情を深く掘り下げたり、その源泉を探求したりする行為に反対するつもりはない。ただ、そういう行為が赤い帽子の考え方とはまったく関係ないことを言っておきたい。感情は変わりやすく、しかも首尾一貫していないことも多い。

あるアンケート調査で、アメリカ人に中米への政治的干渉に好意を示すかどうかを尋ねた。大半の人たちはそれに好意的であった。ところが、同じタイミングで提案された具体的な「干渉方法」については、大半の人が反対を示した。つまり、〝抽象的な〟政治的干渉には好意的であるのに、それが〝具体的な〟形で示されると反対するわけだ。論理的な視点からみると、これはナンセンスだが、情緒的な考え方では道理にかなったことなのだ。

赤い帽子は、決して感情を表に出すための「**拡声器**」ではない（たとえ、そのような使い方をしようとする人がいるにしても）。それよりはむしろ、複雑な自分の感情を映し出してくれる「**鏡**」として考えるべきである。

イヌイット（エスキモー）族は雪を表現するのに二〇もの異なる言葉を持っているという。また、それと同じように、愛情のニュアンスを表現するために多くの言葉をもつ文化国家もある。

しかし、英語をはじめヨーロッパの多くの国の言葉は、感情を表わすような共通語をそれほど多くはもたない。「好き・嫌い」「憎む・愛する」「満足・不満足」「幸福・不幸」といった言葉はある。例えば、「肯定的な気持ちを含んだ躊躇」とか「否定的な気持ちを含んだ躊躇」といった感情を表現する言葉も必要だろう。「疑わしい（suspicious）」という言葉もあるが、これは否定的な意味合いが強すぎる。

しかし、赤い帽子をかぶれば、自分の感情を大胆かつ率直に表わすことができるので、状況にもっともふさわしい感情表現を模索することができる。もし、赤い帽子がなかったら、声のトーンや顔の表情などで補いながら、さらに強い言葉で表現しなければならないだろう。

「君はこの取引に躊躇しているように感じる。家の中に入りたいと思っているが、かといって外に追い出されたくもない人のように、居心地がよかったらいつでも入れるように、待合室でじっと待っていたいと思っているんだ」

「君はモーガンを嫌っているわけじゃなく、ただ彼といると落ち着かないだけなんだよ。君は彼が気に入らないという、うまい口実を見つけようとしているんだ」

「ただその問題と相性が悪いだけなんだよ」

「この投機的事業では、少しずつ活力が失われているような気がする。熱意を失ったわけではないが、どこかゴムボートの空気がゆっくり抜けていくのに似ている。君たちには何が起きているのか今は見えていないが、少し時間をおいてもう一度眺めてみれば、そのゴムボートが以前よりずっとしぼんでいることが、はっきり分かるだろう」

赤い帽子は、感情を自由に表現する詩人のように、考える人を自由な心にしてくれる。感情がよく見えるようなパワーを与えてくれるのだ。

赤い帽子のまとめ

赤い帽子をかぶって考える人は、自信をもってこう言うことができる。

「その問題について私はこのような感情を抱いています」

赤い帽子は、考え方の重要な要素として、「**感情**」や「**感覚**」を正当化する。赤い帽子は考え方の地図の要素となったり、選ぶべきルートの判断基準になり得るように、感情を視覚化してくれる。赤い帽子をかぶると、上手に情緒的な状況に入ったり出たりして、感情モードのスイッチを切り替えることができるのだ。

また、赤い帽子をかぶって考える人は、別な誰かに赤い帽子をかぶるよう求めることにより、他の人たちの感情を読み取ることもできる。赤い帽子をかぶった時には、自分の感情を決して正当化しようとしたり、相手にその考え方の論理を押しつけてはいけない。

そして赤い帽子は、幅広い二つのタイプの感情を表わしてくれる。一つは、恐怖心や反感といった強い感情から、猜疑《さいぎ》心のような弱い感情に至るまで、誰もが知っている感情に類するものだ。もう一つは予感、直観、印象、偏愛、美的評価、その他あいまいな感情など、人間の複雑な価値判断に類するものである。そして、ある意見が大幅に二番目のタイプの要素と結び付いている場合には、再び赤い帽子をかぶって話し合いができるわけだ。

第5章

「黒い帽子」で考える

黒い帽子は六つの帽子のうちで、一番よく使われる。おそらく、もっとも重要な帽子だろう。

黒い帽子は「**警戒**」の帽子、つまり注意するための帽子だ。黒い帽子は「**不法な行為**」「**危険な行為**」「**不利益な行為**」「**堕落した行為**」などを止めてくれる。

また、黒い帽子は生存《サバイバル》のための帽子でもある。野生動物はどのイチゴに毒があるのかを知っていなければならないし、天敵に対する危険なサインを素早く読み取らねばならない。これと同じように、私たちにもこの世界で、生き抜くために、何を避けるべきか知っておかなければならない。

物事がうまくいかない理由も十分心得ておく必要がある。それが生き抜く《サバイバル》ということだ。ひとたび愚かな過ちを犯すと、どんなに創造的な人であっても、奈落の底に落ちてしまう。

黒い帽子は基本的に批判的《クリティカル》な考え方に基づいているため、西洋文明の基本的な考え方といえる。本来の議論における基本的な考え方は、ある事柄について「**何が矛盾しているのか**」「**首尾一貫していない点はどこか**」を指摘することである。したがって、黒い帽子は、ある事柄が私たちの資質や方策、戦略、道徳、価値観などに適合しない点はどこかを指摘する役目をする。

黒い帽子はまた、知能に備わる自然のメカニズムに基づいている。それは、いわゆる「**ミスマッチ**（不適合な組み合わせ）」のメカニズムである。脳は本来、世界がどのようになっているのかを見極めるために、例外的なパターンに対して敏感に反応するようにできている。そのため、パターンにマッチしない物に出くわすと、不愉快に感じる。このような脳に備わった自然のメカニズムのおかげで、私たちはミスを犯すことなく安全でいられるのだ。

食べ物は人間の生活にとって不可欠なものだ。しかし、食事を摂りすぎると体重オーバーになったり、健康に問題が生じたりする。それは食べ物のせいではなく、食べ過ぎが原因といえる。まさにそれと同じように、黒い帽子を使いすぎたり、いつも他人の粗探しをしようとする人もいる。この場合も、過ちの原因は黒い帽子にあるのではなく、使いすぎたり、悪用したり、誤用したりすることにあるわけだ。

「六つの帽子メソッド」のもつ大きな価値の一つは、どんな人に対しても、注意深く、慎重に、批判的になれる特別な時間を割り当てられることだ。しかし、割り当てられた時間以外では、たとえ指摘したいと思うことがあっても、批判的な態度は慎しまなければならない。

長年の経験からいえることだが、常に注意を怠らず、何事にも批判的な見方をする人たちが、「六つの帽子メソッド」を上手に利用しているようである。彼らは黒い帽子のおかげで、自分の批判眼を存分に発揮することができるからだ。しかし、そんな彼らも、黒い帽子から別の色の帽子にかぶり直す時には、批判的な姿勢から遠ざかることになる。そして、このような批判的な傾向が強い人たちが「緑の帽子」をかぶった時、自分が創造的になっていることに、ひどく驚く姿もよく見うけられるのだ。

警戒と注意

・経験に当てはまらないのはどの点なのか
・どうして物事がうまくいかないのか
・難点や問題点を指摘する
・規則の範囲内に留まる
・価値観や道徳に従う

黒い帽子は西洋の伝統的な考え方をもった「自然な」帽子である。

黒い帽子をかぶることで、間違ったことや不適切なこと、うまくいかないことなどを指摘できるので、「**お金**」と「**エネルギー**」の浪費を避け、愚かな行為や法を犯す恐れのある行為などを防ぐことができる。

黒い帽子の考え方は常に論理的である。批判的な考え方には、どんな場合にも論理的な根拠があるはずだ。もし、批評が純粋に感情的なものの場合、それは黒い帽子ではなく、赤い帽子の意見ということになる。

「**価格を引き下げる案は、気に入らないな**」
「**それは赤い帽子の考え方だよ。私が君に求めているのは黒い帽子の考え方なんだ。君の意見の論理的な根拠を知りたいんだよ**」
「**分かったよ。売り上げの数字を見せることもできるが、過去の実績では、価格の引き下げがマージンの減少を相殺するほど、十分な売り上げにつながっていないんだ。それに、これまでもライバル企業が価格競争に勝つために、足並みをそろえて価格の引き上げで対抗してきたこともあるしね**」

黒い帽子の論理は、それ自身が道理にかなったものでなければならない。そして、説得力のある人が語る時だけでなく、活字で印刷された場合でも論理の道筋がきちんと通っていなければならない。

黒い帽子の考え方は、決してバランスが取れているとはいえない。黒い帽子で考える時、脳は、「**危険な点**」「**問題点**」「**障害となっている点**」などを見つけ出そうと敏感になるのだ。つまり、物事がなぜうまくいかないのか、首尾よく事が運ばれないのはどうしてなのかという点に焦点が絞られる（ちょうどこれと対照的な考え方が、黄色い帽子をかぶった時である）。

まさに「**審判**」の役割を演じる黒い帽子が必要なことは、すでに紹介してきた。黒い帽子をかぶって考える人は、状況や解決策の是非を問い掛けることになる。こうした考え方は、哲学の世界ではうまく機能するかもしれない。しかし現実の生活では、なかなかうまくいかない。人間は一度に一つの方向にしか感受性を高めること（感作《かんさ》）ができないからだ。

他の色の帽子をかぶった時と同様に、黒い帽子による発言は、いつも特定の状況（コンテキスト）が想定されている。

例えば、「この車は時速八〇キロしか出せない」という発言があったとしよう。

これはどんな種類の発言になるのだろうか？

これは単に事実を述べているから、白い帽子をかぶった時の発言であってもよい。

しかし、同じ発言を黒い帽子ですることもできる。この文章を普通に理解すると、その車はそれ以上スピードは出ないということになる。もしどこかへ急いで行かなければならないとすれば、この発言は、まさに黒い帽子の考え方になる（つまり「**障害となる点**」）。しかし現実には、楽観主義的な黄色い帽子の発言ともなりうる。もしかしたら、この車は免許を取りたての若者が初めて運転する車かもしれない。そうなれば、時速八〇キロしかスピードが出ないことは、重大な交通事故が避けられるという意味で「**長所**」となるわけだ。

黒い帽子は「**価値**」を正当に評価し、注意することの重要性を教えてくれる。

「このアイディアはとても魅力的だと思います。すでに私たちは利点をすべて考慮に入れました。ですから、黒い帽子の考え方は必要ないと思います。ただ、困難や危険が生じる可能性についても知っておく必要があるでしょう。このアイディアで欠点があるとすれば、どんなところでしょうか？」

「警戒心をもって、この先どんな危険が起こりうるか知っておいた方がよいでしょう。ここでは、黒い帽子の考え方が必要なんです」

「ピーターをこの役職に指命することに大いに賛成です。しかし、まず黒い帽子の考え方をする方が賢明かと思いますが」

「宣伝キャンペーンの後、売り上げが急激に増加しています。ここで注意すべき点は何が考えられるでしょうか？　では、黒い帽子の考え方を実践してみましょう」

「どちらも、この家がとても気に入っています。でも、それは赤い帽子の考え方ですね。しばらくの間、黒い帽子をかぶって考えてみましょう」

黒い帽子は「**慎重で注意深い考え方**」に正当な場所を与えてくれる。警戒心を保証したり、正当化することにより、黒い帽子はまさに考え方の一形態であることを示している。そのため、黒い帽子は正しく効果的に使うべきである。どんな暗示やアイディアからもその価値を十分に引き出すために、黒い帽子を入念に使うことが大切なのだ。黒い帽子はアイディアを評価する時だけでなく、アイディアを企画する（考え出す）時にも役に立つ。

評価する場合の役割は、アイディアを前に押し進めるのか、それとも放棄するのかを決めるのに役立つ。最終的な決定は、白い帽子（**事実**）、黄色い帽子（**利益**）、黒い帽子（**警戒**）、赤い帽子（**直観と感情**）などの組み合わせ《コンビネーション》がベースになる。

また、アイディアを企画する段階では、黒い帽子はそのアイディアの弱点を指摘し、事前に訂正できるようにする。

「これはすばらしいアイディアのように思う。でも、弱点を見つけるために黒い帽子の考え方を実践してみよう。弱点があとから分かって手遅れになるより、企画の段階で訂正できるようにしよう」

「この方向でやってみることに決めた。これから生じるさまざまな問題点や障害、困難などを

見極めて、どうすればそれを克服できるのかを考えてみる必要がある。そのために、黒い帽子をかぶらなければならない」

内容とプロセス

・考え方の誤まりを指摘せよ
・証拠がもつ力を疑ってみる
・結論が出るのは当然なのか？
・それが唯一考えられる結論だろうか？

西洋式の伝統的な議論では、ほとんどがそのプロセスに攻撃の手を向ける。つまり、プロセスが間違っていれば当然、結論も間違っていることになる。確かに、導き出された結論は正しいかもしれないが、その過程でそれが正しいことを証明されてはいない。

「六つの帽子メソッド」は、そんな議論とはかなり異なるため、議論の細かいプロセスは必要としない。にもかかわらず、黒い帽子をかぶれば、考え方のプロセス自身のもつ欠点を指摘することができる。

「君が述べた意見は、あくまで仮説であって事実ではない」

「君の結論は、これまで私たちに話してくれた事とは相矛盾することになる」

「その数字は、君がこの前見せてくれたものと食い違っているよ」

「それは考え得る説明の一つにすぎません。決して唯一のものではありません」

しかし、議論のどんな段階でも、このような指摘を認めてしまうと（話の腰を折るような行為を認めたら）、このメソッドの価値を台無しにしてしまう。そこでもう一度、議論の限界について考えてみる必要がある。まず議論の出席者は、批判しようと思っている点をまとめて、メモに書き留めておき、黒い帽子をかぶった時にだけ、それを発言するようにする。

例えば、ある人が白い帽子をかぶって、売り上げ高の一連の数字を読み上げているとする。出席者の一人は、その数字が五年前のものであることに気づいている。この場合、この人は議論を中断して、その誤まりを指摘すべきなのだろうか？

この場合は、指摘をする人も別の白い帽子のポイントを用意するといいだろう。

「あなたに手渡された資料の数字は、実は五年前のものです。残念ながら我が社には最新の資料がないものですから」

しかし、「六つの帽子メソッド」は、通常の議論の形式とはかなり異なるため、議論のルールを採用することはない。一つの論点から次の論点へと議論していくことが重要なのではなく、**「論点をさまざまな可能性で満たしていく」**ことが重要になる。

「もし懲役刑や罰則を増やしたら、犯罪を減らすことができるだろう」

この発言は十分、筋の通った推論のように思える。だが実際には、有効ではないかもしれない。というのも、刑務所に収容される危険性は、現実にはかなり低い。一般的にかなり低いと考えられているなら、刑罰を増やすことはほとんど意味がない。逆に、犯罪がさらに過激になる可能性も考えられる。というのは昨今では、犯罪者が現場の目撃者を消そうとして、人を殺す事件も多くなっているからだ。それに、刑務所に長らく収監されている人たちは、刑務所仲間の影響などもあって、でき心の犯罪者から常習犯へと変貌することも考えられる。

このような考え方はすべて「可能性」である。しかし「証明」には、このような可能性を考える想像力がよく欠けている。

もし、白い帽子で考えて、刑罰の強化が短期的にも長期的にも、犯罪件数を減らすという現実的な資料があるのなら、それらの数字は明らかに、筋の通った推論よりもずっと価値があるだろう。


「休日に旅行する人が増えているようです。理由としては、収入が増加していることや航空運賃が低下していること、それに旅行案内やホテルが充実してきたことや少子化などが考えられます」

「逆に、旅行に飽きてきた人たちもいると思われます。テクノロジーの発達により、ゲームなどの家庭内娯楽も増えてきたようです。また、旅先で病気をするかもしれないという不安が、旅行から足が遠のく理由になっているのかもしれません」


これらの「可能性」は、並行思考のように互いに横一線に並んでいる。並行思考では、異なる観点からの考え方や反対意思などが導き出されるのだ。

論理的な推論は確実さを強調する。しかし、「六つの帽子メソッド」は可能性の本物らしさを利用している。現実の世界で確実性を追求することは本当に難しい。したがって、このメソッドでは「**本物らしさ**」をうまく演じなければならない。

「それはまさに一つの可能性だ。でも、君はそれを確かなものとして証明していないね」

どんな物でも型通りの論理形式に当てはめることができるものである。しかし、実践的な考え方の大部分は、本物らしさを基本としている。

実際、誘惑されそうになることも多いが、黒い帽子の考え方では、普通の「議論」に戻ることを禁じている。それでも、議論のプロセスで生じる誤まりを指摘することもできるし、異なる観点から意見を述べるという並行思考で本音を交わすこともできる。

結局、黒い帽子をかぶって考えることで、問題点や障害、困難、危険といった可能性を示す明瞭な地図を描くべきなのだ。その地図を見て、これらの可能性を明らかにし、慎重に対処することができる。そして緑の帽子をかぶれば、黒い帽子をかぶって提案した困難な点に対処したり、それを克服するプランを試してみることもできる。

何よりも、他の人の意見に進んで反論することは、さほど難しくないことは明らかだ。会議の席で、六つの帽子を上手に使い分けられるかどうかは、議長や進行役の腕に掛かっている。

過去と未来

・将来どんなことが起こり得るか？
・これは過去の経験に当てはまるのだろうか？
・危険とは何か？

黒い帽子の非常に重要な役割の一つは「**危険**」を読み取ることだ。どんな行動計画でも、将来的にはそれが実行されることになる。この点が「学問的な」考え方と「実用的な」考え方との大きな違いである。学問的な考え方では、記述し、分析し、解説するだけで事足りる。一方、実用的に考える場合、私が「**オペラシー**（operacy）」と呼んでいる行動の基本要素がある。

・これを行動に移すと、どんなことが起きるのだろうか？
・それは受け入れられるのだろうか？
・それをするための根拠があるのか？
・人々はどんな反応を示すのだろうか？
・ライバルたちはどんな反応を示すのだろうか？
・何か支障になることがあるのか？
・問題が生じる余地が残されていないだろうか？
・それはずっと利益をもたらし続けるのだろうか？

つまり、自分自身の経験や他人の経験に基づいて、未来を推測しなければならない。

「インフレの時には、人々はより経費を節約する」

「インフレの時には、人々はあまり経費を節約しない」

いずれの発言も正しい。過去にインフレを経験していれば、インフレによって貨幣価値が下がるため、人はあまり経費を節約することはない。逆に、過去において一度もインフレの経験がなければ、人は消費生活でもっとお金が必要だと思うため、インフレになれば経費を節約しはじめるだろう。一方、経済のしくみをよく理解しているのなら、いずれ利率が下がることを見越して、人は経費を節約するより銀行でお金を借りようとするだろう。

「私の経験からすると、二〇年後には化粧品業界では、高級品と日用品の両方を同じブランドで販売することができなくなると思います。現状の方法はもう通用しなくなるでしょう」

「ホテル業界では、基本的に同じ商品でも異なる商標を付けたり、異なる価格区分を設けたりすることができるでしょう。それがうまくいくことは、すでに立証済みです」

この両者の考え方は、いずれも経験に基づいており、有効である。前者は黒い帽子をかぶった考え方を述べ、後者は黄色い帽子をかぶった考え方を述べている。実際には、黄色い帽子の考え方を、化粧品に関する意見に対する反論として、黒い帽子をかぶって次のように発言することもできるだろう。「しかし、これはホテル業界だからこそ、うまく行くのかもしれません……」

将来を見越したり、過去の教訓を生かしたりする時、その特定の教訓が適切なものかどうかが、いつも問題になる。業界を取り巻く環境は、はたして昔と同じだろうか？

「その商標設定計画は、君が直接二つの商品を同時に販売した経験のないホテルについては通用するかもしれない。しかし、朝食用のシリアル（コーンフレークなど）については、たぶん通用しないんじゃないだろうか」

黒い帽子をかぶって意見を述べる一つの方法として、例えば次のような表現もある。

「○○の危険性があると思います」

「ライバル企業が我が社の価格の引き下げに対抗してくる危険性があると思います」

「牛乳の過剰生産の危険性があるように思います」

「新しい企業がオプション機能のない保険に入るように要求してくる危険性があると思います」

「今や世界の多くの国で良質のワインが生産されていますから、我が社のワインに高値を付けすぎるのは危険だと思います」

使いすぎの問題

・批判することはやさしい
・批判することだけを楽しむ人もいる
・何かの役に立つ必要性

黒い帽子はすばらしい帽子である。しかし、すばらしい物にはよくあることだが、それを使いすぎたり、時に乱用することもある。パスタはすばらしい食べ物だが、毎日食べていたら、いつかうんざりする。

建設的な意見より批判的な意見を述べる方がずっと簡単である。椅子をデザインするのは難しいが、あれこれ批判することは、それよりずっとやさしい。例えば、簡素な椅子であれば、時代遅れであるとか、すぐに飽きてしまうなどと批判できる。逆に、椅子が凝った造りであれば、趣味が悪いだの仰々しいだのと文句をつけられるかもしれない。つまり、目の前にある物とは異なる概念を故意に導き出せば、批判は簡単にできるわけだ。ただし、あなたがその気になればの話だが。

自己のイメージを押し出したり、傲慢な態度をとったりする人は、このように他人を批判しようとする意思が心の底流にあるのかもしれない。

会議では、誰しも議論に加わりたい、目立ちたい、建設的な意見を発言したいと思うものだが、建設的な意見を発言するもっとも簡単な方法は、「確かに○○ですが○○」という表現を使うことだろう。

例えば、もし、ある意見の九五％がすばらしいとしたら、あまりすばらしいとは思えない残り五％に注目してみることだ。企画の段階では、欠点のあるその残り五％に正解が隠されている可能性もあるため、この方法は実に役に立つ。しかし、最終的な評価を下す段階では、九五％のすばらしい部分が主に評価の対象となるので、五％の部分はあまり役に立たない。

黒い帽子を使いすぎることは役に立たないどころか、利己主義を助長することにもなりかねない。中には、建設的な意見を何一つ発言せず、批判的な意見しか言わないような人もいる。しかし、それもほとんどの場合は単なる習慣にすぎないのだ。つまり、一般的な議論では、習慣としてどんな時でも否定的な意見を発言することが許されているからだ。

「六つの帽子」の思考法に慣れ親しんだ人たちは、**「習慣的な警戒心」**を解き、**「モードのスイッチを自由に切り替える」**ことができる。つまり、黒い帽子の考え方から黄色や緑の帽子にスイッチを切り替えるのだ。多くの切り替えスイッチがあることにより、自分の可能性を示すチャンスを大いに楽しむことができる。

黒い帽子のまとめ

黒い帽子の考え方は**「警戒心」**と関係がある。

意思決定までのいくつかの段階では、**「危険性」「障害」「潜在的な問題」「提案のマイナス面」**などを考える必要がある。どんな計画であっても、注意すべき点に十分配慮することなく前に押し進めることは愚の骨頂だ。

黒い帽子は注意すべき点を促す帽子だ。危険や困難を避け、弱点となり弊害となるような注意点を指摘する。黒い帽子をかぶれば、注意すべき事柄を上手に見つけ出すことができるだろう。

また、黒い帽子は価値を評価する時にも使うことができる。「この計画を前に押し進めてもよいのだろうか？」。また、企画のプロセスでも用いられる。「私たちが克服しなければならない弱点はどこにあるのか？」

黒い帽子は将来を見越して、危険性や潜在的な問題点を見つけ出そうとする。「もし、この計画を実行した場合、どんな点で不都合が生じるだろうか？」

黒い帽子は「**適合**」ということばを強調する帽子である。「この計画は過去の経験に適合しているのか？」「この計画は私たちの政策や戦略に適合しているのだろうか？」「この計画は私たちの道徳観や価値観に適合しているのか？」「この計画は私たちの資質に適合しているのだろうか？」「この計画は既知の事実や他の人たちの経験に適合しているのだろうか？」

黒い帽子をかぶれば、「警戒すべき」側面にピントを合わせることができるのだ。これが人間として生存するための基本であり、成功へのステップとなり、文明を築くための礎となるわけだ。

黒い帽子の考え方は考える過程で生じる誤まりを指摘することもできる。しかし、この考え方は決して「議論」をすることではなく、安易な議論に陥ることは慎しむべきなのだ。つまり、「**地図に注意すべき点を書き込む**」ことが、黒い帽子の役割なのだ。

もし、一つの考え方として用いるだけなら、黒い帽子の考え方を乱用することも当然できるだろう。しかし、乱用すると、どんな場合にも黒い帽子の価値を下げることになるだけだ。それは、自動車そのものは危険なものではないが、無謀な運転をすることで、走る凶器に変わるのと同じである。

第6章

「黄色い帽子」で考える

「太陽の光」を思い出してみよう。「楽観主義《オプティミズム》」を考えてみよう。黄色い帽子をかぶって考える人は、提案された意見に「**利益**」があるかどうかを探し出そうとする。そして、そのアイディアを実行に移すために、どんな可能性があるのかを見極めようとするのだ。

黄色い帽子をかぶることは黒い帽子をかぶるより難しい。なぜなら、人間の脳には危険を避ける時に手を貸してくれる自然のメカニズムしか備わっていないからだ。そのため、ほとんどの人は黄色い帽子より、黒い帽子をかぶる方がずっと楽に感じるわけである。

私たちは「**価値に対する感受性**」を高める必要がある。すでに危険に対して身に付けている感受性と同じくらいにだ。そして、そのような感受性を高める「習慣」を身に付けなければならない。

私はこれまで数々の会議に出席してきたが、参加者は自分の考え方に価値を見つけ出そうとしていなかった。せっかく創造的なアイディアを生み出そうと集まっているのに、その価値を見つけ出そうと努力しないのは時間の無駄である。

黄色い帽子は、わざわざ時間を掛けて人に価値を見つけ出させるという意味で貴重だ。時に黄色い帽子をかぶった人が、とても驚くことがある。というのは、それまでまるで関心のなかった物に、突然、大きな価値を見出すことがあるからだ。心底つまらないと思っていたアイディアでも、注意深く調べてみれば、どこかに価値を見つけ出せるかもしれないのだ。

黄色い帽子の考え方には論理的な根拠がなければならない。価値があることを裏づける何らかの根拠が必要ということだ。その考えには、どんな価値があるのか、誰のために価値があるのか、どんな環境下で価値があるのか、その価値をどのような方法でみんなに伝えるのか、それ以外に何か価値はあるのか？

理論的な積極性

- 積極的な考え方
- 太陽の輝きと明るさを表わす黄色
- 楽観主義《オプティミズム》
- 利益にピントを合わせよ
- 建設的な考え方と何かを生み出す考え方

「積極性」も一つの考え方である。私たちは物事を積極的《プラス》に見ようとあえてすることもできる。

また、状況の肯定的な側面にピントを合わせることもできる。つまり、「**利益**」を見つけ出すことができるわけだ。逆に、消極的に考えることは、誤まりや危険に陥ることを防いでくれるかもしれない。

積極的な考え方には「**好奇心**」や「**喜び**」「**悲しみ**」、さらに「**何かを生み出そう**」とする意欲などが交じり合っていなければならない。人間の進歩はこの「何かを生み出そう」とする意欲に左右されるということを議論することもできるだろう。成功を収める人たちに共通する特徴を一つ挙げるならば、それはまさに「何かを生み出そう」とする抑え難い意欲をもっていることである。

黄色い帽子に「**理論的な積極性**」という言葉を当てはめたが、これには、どんな計画や行動を実行するにせよ、将来に向かって前向きな姿勢を持つべきであるという意味が込められている。前向きの姿勢を失わなければ、計画や行動は必ず成し遂げられるだろう。将来どんな事が起きるのかは誰にも分からない。だからこそ、将来に向けて前向きに考えるべきなのだ。

私たちが何らかの行動を起こすのは、そこに何らかの価値があるからだ。この「**価値**」を見極めるために、将来に向けて「理論的な積極性」を「**前向き**《プラス》」に捉えていかなければならない。そうすれば、将来どんな事が起きたとしても、積極的な側面を捉え、物事を前向きに考えることができるだろう。

「今、私たちにプラスになるのは、今後、彼がどのような行動に出るのかを知ることだ。疑心暗鬼はやめにしよう」

「さあ、黄色い帽子をかぶって積極的《プラス》な側面に目を向けていきましょう。コダック社はインスタント・カメラ市場に進出することに決定しました。したがって、彼らは自社の商品の宣伝活動をはじめなければなりません。そうなると、大衆の目は当然、インスタント写真の市場に向けられることになります。ということは、我が社の売り上げにもプラスに働くことになるわけです。とりわけ、大衆が我が社の商品の良さに気づいてくれた時には」

「彼女にとっては、あの試験に失敗したことが一番のプラスになったのよ。ただ、教師としては不幸なことだったかもしれないけれど」

多くはないが、常に積極的に考える習慣をもっている人もいる。また、自分の意見を主張する時には、誰しも積極的になるものだ。他人の意見であっても、自分にとってプラスになることがあれば、大抵の人はそれを積極的に捉えるだろう。つまり、「**自己の利益**」が積極的な考え方の強い動機になっている。しかし、黄色い帽子の考え方はそんな動機に気づく必要はない。黄色い帽子は考える人が自分で選択するように工夫された方法なのだ。アイディアの利点に気づいた結果、積極的な考え方をもつのではなく、まずは黄色い帽子をかぶって利点を見つけ出すのだ。つまり、黄色い帽子がまずあって、それをかぶって積極的で楽観主義的な考え方をするように「**要求され**」、それに従うわけである。

前章で用いた色彩のアナロジー（類推）でいえば、赤い帽子が赤い色のもつイメージに結び付いているように、黄色い帽子も黄色のイメージに結び付いている。

「何か他の事をする前に、君に黄色い帽子をかぶってほしい。そして、この新たな取り組みについて、どう考えているのか聞かせてほしい」

「なぜ、その考えが気に入らないのか、なぜ、それが失敗する可能性をもっているのか、その理由をすっかり話してくれましたね。今度は黄色い帽子をかぶって、じっくり考えてほしいのです。あなたの意見はいかがでしょうか？」

「黄色い帽子の視点で考えると、あなたは金属の代わりに、この部分をプラスチックで作るメリットが何かあるように思いますか？　コストについてはどちらも同じです」

「私にはポテトチップの袋を二つつないで販売するアイディアがあります。誰もそれに賛成してくれる人はいないようですが、黄色い帽子をかぶって考えてみていただけませんか？」

「ここでは、中立的な考え方や客観的な考え方を望んでいるのではありません。黄色い帽子の考え方を聞かせてほしいだけです」

「黒い帽子の考え方では、新製品のこの安いライターは売り上げを下げるだろうと思われます。しかし、黄色い帽子の考え方をすれば、高級志向の少数の客もいるが、安いライターの出現によって平均的な価格のライター市場がだめになり、結局、我が社の利益につながると思うのです」

「この場合、黄色い帽子をかぶるのは少し難しいかもしれません。しかし、新聞社のストライキは、新聞がなければどれだけ不便か、またいくつかの点では、テレビより新聞の方がどれだけ利点があるかを人々に理解させることになるでしょう」

黄色い帽子は積極的な考え方であるが、白い帽子や黒い帽子と同じように、しっかりとした訓練が必要である。この考え方は物事をただ肯定的に評価することだけが重要なのではなく、前向きに積極的な側面《プラス》を慎重に見つけ出すことだからだ。

時には、前向きの姿勢が役に立たないこともある。

「黄色い帽子をかぶって考えているのに、まったくプラスの側面が見つからない」

「黄色い帽子をかぶろうと思いますが、何もプラスの側面が見つからないような気がします」

このように、プラスの側面が明確でなければ、黄色い帽子の考え方は大して役に立たないと思うかもしれない。また、実用的な価値がほとんどない、わずかばかりのプラス面を見つけ出すために、知恵を絞るのは意味がないという意見もあるだろう。しかし、それは黄色い帽子の考え方を誤解していることになる。一見しただけでは、ほとんど分からなくても、隠されたプラスの側面が非常に役立つこともあるのだ。

それは企業家の手腕でもある。つまり、企業家は周りの人たちが見過ごしている価値を掘り起こし、それをモノにするのだ。価値や利益は、必ずしも誰の目にも見えるところにあるとは限らない。

「積極性」の範囲

・楽観主義はどの時点で愚かな考えになるのか？
・有望な考え方から論理的な考え方まで
・現実主義《リアリズム》とは何か？

自分がだまされたにもかかわらず、詐欺師のことをいい人だと考える人たちがいる。彼らはその詐欺師が、その時は誠実な人間であったとか、ただ彼が世間や仲間に裏切られているだけだと感じている。詐欺師の説得のうまさや説得されることを楽しんでいた自分の姿を思い出したりもする。

世の中には愚かなまでに楽観主義的ともいえる「超楽天家」もいる。例えば、くじ引きで一等賞が当たることを本気で期待する人や、自分の人生が希望に満ちていると信じている人だ。また、頭痛薬《アスピリン》の市場が巨大であることを見越して、そのほんの一部でも手に入れれば十分価値があると考えている製造業者もいる。

では楽観主義《オプティミズム》は、どの地点で愚かな考えや希望に振り分けられるのだろうか？　黄色い帽子の考え方は何ら歯止めをもたなくてよいのだろうか？　その種の問題は黒い帽子の考え方に任せるべきなのだろうか？

「**積極性**」の範囲は、過度の楽観主義《オプティミズム》から論理的・実用的な考え方まで、その両極の間にある。私たちはこの範囲内で、慎重に積極性について考えなければならない。人間の歴史には、努力さえすれば、いつかそれが実現できるといった錯覚を起こさせる非現実的な展望や夢が多すぎる。もし、黄色い帽子の考え方を常識的な範囲内におさえておかなければ、何一つ良い結果は生まれてこない。

ポイントは、「**その行動が楽観主義に結び付いていないか**」どうかを見極めることである。もし、その行動が単なる「**希望**」にすぎないのなら（例えば、くじ引きに当たることを望んだり、何らかの奇跡が会社の危機を救ってくれることを望む）、それは見当違いな楽観主義といえる。そして、楽観主義がその方向に私たちの行動を導いていくなら、さらに事態は困難になる。

一般に、過度の楽観主義は失敗につながるものだが、必ずしもそうとは限らない。成功をつかみとるのは、やはり成功を心から願っている者なのである。

「とてもありえない事だが、氷河の上に飛行機が不時着して、助かった人がいるらしい。さっそく、救助に向かわなければならない」

「この新しい政党がライバル政党の票を分割してくれる可能性があります」

「もし、この映画のプロモーションに深く肩入れするのなら、必ず成功を勝ち取らなければならないだろう」

「その車がカーオブザイヤーに選ばれるチャンスもあります。ですから、宣伝活動を強化する準備にかかるべきです。果報は寝て待て、ではなく、自分たちの力で勝ち取るようにしなければなりません」

他の帽子をかぶった時と同じように、黄色い帽子をかぶる目的も、頭の中で「**考え方の地図に色づけしていく**」ことである。地図に書き込むまでは、意見を細かい点まで評価する必要はない。

しかし、楽観主義的な考え方を、「可能性」に従って大まかな評価で分類することも大切である。

例えば、「可能性」の順位は次のように考えることもできるだろう。

・確実なことが証明されている
・経験や知識から、ほぼ確実

・他の条件が重なれば、かなりチャンスがある
・チャンスがあるかもしれない
・あまり可能性はない
・かすかな望みがあるだけで、ほとんどありそうもない

これは白い帽子で用いた順位表にいくらか似ている。
最後の「ほとんどありそうもないこと」をなるべく選択しないようにするべきだが、地図には それも書き込んでおこう。もし、地図に書き込まれていれば、その考え方を拒絶するか、それとも考え方を修正するか、どちらかを選択すればよい。地図に書き込まなかったなら、そんな選択の余地さえもなくなってしまう。

「彼は多忙で、しかもかなり高くつく人物であることは分かっているが、彼とうまく交渉して会議のオープニングに招待してもらいたいんだ。たぶん、承諾してくれると思うが、最悪の場合、ノーという返事しかもらえないかもしれない」

「女の子なら誰しも一度は女優になりたいとあこがれるものですが、実際に女優になれる人は

ごくわずかで、しかも成功するチャンスも多くはありません。それでも挑戦する人はいるわけですから、もしあなたにその気があるなら、やってごらんなさい」

「村のアンティークショップで隠れた名品を見つけ出すことは、君にはできそうもないね。でもね、隠れた名品というものは大抵、誰もが思いもよらなかった場所で見つかるものなんだ」

理由づけと論理的な根拠

・積極的な意見の根拠はどこにあるのか?
・なぜあなたはそうなると考えるのか?
・楽観主義《オプティミズム》を裏づける理由

積極的な意見は「**経験や有益な情報**」「**論理的な推理**」「**誰かのヒントや暗示**」「**流行**」「**希望**」などに基づいている。では、黄色い帽子をかぶって考える人は、自分の楽観主義を裏づける理由が必要なのだろうか?

もし、理由がなければ「すばらしい思いつき」が、まさに赤い帽子をかぶった時と同じように、感覚《フィーリング》や予感、直観になってしまうかもしれない。黄色い帽子の考え方は、もっと先を見越したものでなければならない。

黄色い帽子の考え方には積極的な判断が伴っている。黄色い帽子をかぶって考える人は、提案した楽観的な意見をサポートするために、できるだけ多くの理由を見つけ出すようにすべきだ。そして、常にそれを意識していなければならない。しかし、決してそれらの理由を完全に正当化することまでを要求してはいけない。言いかえれば、そのような楽観主義を正当化する努力だけは怠るべきではないということだ。もし、そんな努力がうまくいかなければ、考え方が単なる推測として受け取られることになる。

黄色い帽子の考え方で強調すべき点は、**「積極的な探求心」**と**「前向きな思索」**だ。私たちは利益の可能性を模索する必要がある。そして、その可能性を正当化しようと努力する必要もある。正当化することにより、前向きの考え方がいっそう説得力をもつようになるのだ。もし、黄色い帽子をかぶってこのような論理的な根拠が得られなければ、たとえ別の色の帽子をかぶっても、求めることはできないだろう。

「黄色い帽子の考え方でいくと、オムレツはファーストフードとしては、すばらしい商品だと

思います。その考えを裏づける理由としては、ダイエットを意識した食品である点や軽食として好まれる点などを挙げることができるでしょう。それに、昨今では朝食に卵を食べる習慣がなくなりつつありますから、別の機会に卵を食べる余地も残されているわけです」

「手袋の利用範囲については、どんなことが考えられるでしょうか？　単に手を暖めるだけでなく、車を運転する時や料理をする時、家事をする時などにも使われます。それにこれからは、もっと自分を美しく見せるために手袋を利用すべきです。デザインを意識したり、スキンケアにも気を遣ったりする人が増えてきていますから」

建設的な考え方

・何かを生み出そうとすること
・前向きの提案と暗示

批判的な考え方をもった八人のすぐれた人物が、水の供給システムの改善策を考えている会議を想像してほしい。これらの八人は誰かが何かを提案するまで、自分からは発言しようとはしない。いずれ劣らぬ批判的な考え方の持ち主の集まりだ。ではいったい、前向きな意見はどこから出されるのだろうか？　誰か一人でも、自分から提議することを学んだものはいるのだろうか？

物事を批判的に考えることは、物を考える場合の大切な要素ではあるが、それだけでは決して十分ではない。批判的な考え方を訓練するだけで十分だ、といった概念に私は強く反対したい。これはまさに西洋的な考え方であり、不十分な考え方だからだ。

すでに紹介したように、批判的な考え方をするのは黒い帽子をかぶった時である。黒い帽子をかぶることで、考える人が存分にその役割を演じることを明確にしようとした。つまり、できるだけ厳しく批判的な態度で発言すべきなのだ。これは大切な要素であり、それをうまく演じる必要がある。

黄色い帽子の思考法には、「**建設的**」で「**創作的**」な側面が備わっている。アイディア、暗示、提案などが生み出されるのは、まさに黄色い帽子で考える時だ。あとで詳しく見ていくことになるが、緑の帽子（創造力のシンボル）も新しいアイディアを生み出す重要な役割をもっている。

建設的な考え方は積極的な姿勢を示しているので、黄色い帽子をかぶって考えるのが適当だろう。前向きの提案は物事を「**改善する**」ために出されるものである。例えば、問題を解決したり、改善策を講じたり、チャンスをうまく利用したりすることが提案される。いずれの場合にも、前向きの提案は積極的な変化をもたらすために生み出されるわけだ。

黄色い帽子はさらに、「**反動的な考え方**」にも関連している。これは物事を肯定的に評価しようとする側面であり、黒い帽子による否定的な評価とは相反する考え方だ。黒い帽子をかぶって考える人が物事の否定的な側面を捉えたように、黄色い帽子をかぶって考える人は、提案されたアイディアの肯定的な側面を捉えようとすることだ。

「水の供給システムを改善するために、エルキン河にダムを建設することもできるでしょう。それによって貯水池を作り出すわけです」

「約八〇キロ離れた山地に十分な水源地があります。そこからパイプラインを引くことは可能でしょうか？」

「一般家庭の水洗トイレは、水を流すたびに約三〇リットルの水を使用します。一方、一回にわずか四リットル足らずの水しか使わない新しいデザインのトイレもあります。これを使用すれば、一人当たり一日、約一一四リットルの水が節約でき、全体では一日三四〇〇万リットルの水が節約できるのです」

「水のリサイクルについてはどうでしょうか？　経済的に水のリサイクルができる新しい膜透過法もあると聞いています。それを用いれば、下水処理の問題も解消できるでしょう。その新しい方法を検討してみましょうか？」

これらの意見はいずれも具体的な提案だ。ある意見が会議で提案されると、さらに掘り下げられ、最後に黒い帽子の評価と黄色い帽子の評価を受けることになる。

「黄色い帽子をかぶって、もっと具体的な提案を出してください。提案が多ければ、それだけよい考えも生まれてくるでしょう」

「ジョン、どんな意見がある？　この問題にどのように取り組めばよいと思う？　黄色い帽子をかぶって考えてみてよ」

この点で、それぞれの提案が「水の専門家」から出されており、アマチュアの人の提案ではないことに気づくかもしれない。専門家によって出された提案を評価するのは、批判的な考え方をもったアマチュアの役割のはずである。これは、まさに政治の世界の特徴といえる。つまり、アイディアを考える専門家がいて、それを評価する政治家がいるわけだ。確かに、政治の世界では、この種の考え方は役目を果たすのかもしれない。しかし、ビジネスの場や個人が考える場合、考える人自身が専門家になって、アイディアを生み出さなければならない。

それにしても、**「提案」**や**「暗示」**はどこから出てくるのだろうか？　黄色い帽子をかぶって考える人は、どのようにして解決策を見つけ出せばよいのだろうか？

本書では、アイディアの提案や問題解決のさまざまな方法については言及しない。黄色い帽子の提案は何も特別なものである必要はないし、とりわけすぐれたアイディアでなくてもよい。ごく普通のテーマをいつもの方法で提案するだけでよいのだ。その方法も、誰もが知っていて、どこでも使用されている方法で十分である。そして、さまざまな知識を結集して、特定の解決策を見つけ出せばいい。

黄色い帽子をかぶった人が何かを提案しようという気を起こせば、ごく自然に良いアイディアが浮かんでくるだろう。

「さあ黒い帽子を脱いでください。お互いの意見を批判するのはそれくらいにして、先に進みましょう。黄色い帽子をかぶって、もっといろんな提案を出し合いましょう」

「黄色い帽子をかぶったまま考えを述べますが、個人企業に競争価格で、水を販売させたらどうかという意見を提案します」

「いや、まだ私たちは黒い帽子の考え方に切り替えていません。まだまだ、アイディアのネタは切れていないと思います。最終的には専門家やコンサルタントに任せるつもりですが、その前に、まず自分たちでそれ以外の可能性を模索してみたいのです。ですから、しばらくの間、黄色い帽子をかぶって、もっと建設的な考え方を進めてみましょう」

以上のように、黄色い帽子の考え方はアイディアを生み出すとともに、それを積極的に評価する。これら二つの側面の間には、さらにもう一つの側面もある。つまり、三つ目の側面とは、アイディアをさらに発展させて「**強化する**」ことである。アイディアを肯定的に評価して終わるのではなく、それをさらに「**建設的な考え方**」に組み立てるのだ。つまり、提案されたアイディアが「**改良され**」「**補強される**」。

このような改良という側面をもつ黄色い帽子をかぶることで、黒い帽子の考え方によって指摘された誤まりを訂正できる。すでに述べたように、黒い帽子の考え方は、誤まりや欠点を指摘することはできるが、それを訂正する役割はない。

「もし、水の供給を私企業の手に委ねるとすれば、それを一手に引き受ける独占企業が思い通りの価格を設定して、街の権力をその手中に収める危険性も考えられます」

「制限価格や最高価格を設定することで、それに対抗することもできるでしょう。この問題はインフレを容認する現行の価格設定とも関係のあることになります」

繰り返し強調しておきたいのは、このように黄色い帽子をかぶって建設的な考え方を発言する場合、何も立派な意見を述べる必要はないことだ。たとえそれが平凡なものであっても、「**具体的で**」「**明確な**」アイディアであればいい。

将来の見込み

・将来を見通すこと
・「もし……なら」の価値

・考え得る最高のシナリオ

「将来の見込み」には「**推測**」と「**希望**」が必要だ。そもそも「投機家」という言葉は、建築業者や相場師に用いられるものだが、投資家は本来、投機を扱う人である。また、投機的な建築業界は買い手がない時でも家を建てる。そのあとで買い手を見つけ出そうとするわけだ。

黄色い帽子の考え方は、ただ判定を下したり、アイディアを提案するだけではない。それは積極的《プラス》な希望を抱いて、状況を前に押し進める姿勢である。黄色い帽子の考え方は利益と価値の可能性を少しでも見つけ出そうとする姿勢なのだ。そして、どんな形にせよ、その可能性が見つかったなら、即座にそれを探求する行動に移すことになる。

実際に、客観的な価値判断とプラスの価値を見つけ出そうとする姿勢との違いは大きい。ここで、「将来の見込み」という言葉で表現しているのは、黄色い帽子のそのような側面に一歩でも近づこうとするからだ。

「現在、新しいタイプのファーストフードに人気が集まっています。それは『ポッロ』と呼ばれる薄いハンバーグのようなメキシコ風のチキン料理です。黄色い帽子をかぶって、これについてあなたの意見を聞かせてください」

「いろんなタイプの保険がたくさんあるので、誰しも頭が混乱しそうです。そんな問題を解消するような〝総合的な〟タイプの保険があるのでしょうか？　そんなアイディアを絞り出して、黄色い帽子の考え方に当てはめてください。そして、あなたの見解を聞かせてください」

このように、黄色い帽子の考え方の投機的な側面は、純粋に「**好機をつかむ**」考え方である。それは問題解決やアイディアの改良よりも、一歩進んだ考え方といえる。人は誰でも問題を解決するように言われることがあるが、おそらく、好機を見つけ出すように義務づけられることはないだろう。とはいっても、好機を見つけ出すのは、その人の自由だ。それを望む人だけが探せばよい。

投機的な考え方は、考え得る最高のシナリオ描くことから始めなければならない。それは、一つのアイディアから考え得る最大の利益を引き出すことができる方法なのである。もし考え得る最高のシナリオでも利益が見込めないようなら、そのアイディアは追求する価値がないということになる。

「考えられる最高のシナリオは、さらにもう一軒ある店が廃業に追い込まれて、私たちがその地域の〝なわばり〟をそっくり引き継ぐというものです。しかし、それはあくまで一つの可能

性にすぎません。現実には、その店も対抗手段を講じるはずですから」

「考えられる最高のシナリオでは、公定歩合が急に上がったとしても、手持ちの譲渡抵当の固定利率のおかげで、私たちはその家の買い手を見つけやすくなるというわけです」

考え得る最高のシナリオの中で、十分利益が見込めるような場合でも、そのシナリオがどこまで可能性をもっているのか、つまり思惑通りに利益が生じるのかどうかを見極めることが重要になる。

黄色い帽子の考え方は、投機的な側面で考え得る最高のシナリオと最大の利益を想定する。そして、そのあとで〝可能性〟を追求することにより、それがどれだけ達成されたのかを見極めるのだ。そして最後に、黒い帽子の考え方で疑問点を指摘する。

「**好機**」は現在の状況を未来に投影することによって、つかみ取ることができる。また、好機を捉えるには、「もし……ならば」という仮定の世界を描き出して、どんなことが起こり、何が変わるのかを予想しなければならない。

「〝もし〟公定歩合が引き下げられると、公債価格が上がるだろう」

「〝もし〟ガソリンの価格が下がったなら、大型車の売り上げが伸びるかもしれない」

「**仮定的な**」変化の可能性を探求することは、黄色い帽子の投機的な機能の一部である。投資信託をしたり、火災保険に加入したりするような防衛的行動をとる必要はあるにせよ、行動や意思決定が〝仮定的な〟世界の探究に基づいていることは、決して重要なことではない。危険を避けるために、仮定の世界を探求することは黒い帽子の機能の一部である。それに対応する機能が、黄色い帽子では、危険の代わりにプラスの可能性を探求することであり、私たちはそれを「好機」と呼んでいるのだ。

「このホテルチェーンはどのような条件下で収益を上げることができるだろうか?」

「衛星放送が軌道に乗れば、新しいビジネスチャンスをどのような形で広告業者に与えることになるのだろうか?」

黄色い帽子の投機的な側面は「将来の展望《ビジョン》」にもかかわっている。

黄色い帽子の考え方が、将来の展望や夢の役割をもっていることを紹介した。ほとんど到達する見込みのないゴールさえ目指しているという意味では、「**将来の展望**」は投機的な考え方より、一歩進んだものといえるかもしれない。

どんな企画でも、まず最初に展望がある。それは、すぐれたセールスマンが、客が何に耳を傾けてくれるのかをもってセールストークするのと同じだ。起業者は自分が何をしようとしているのか、前向きな展望をもとうとする。まず最初に、将来の展望を見据え、具体的な細かい部分はそのあとに決定すべきである。このような展望には、利益や計画の実行性なども含まれる。例えば、それは実行できるのか、実行する価値があるのかというようなことだ。

つまり、どんな事をするにせよ、何らかの価値観や達成感をもたないで実行するのは非常に難しいことである。

「私は低コストで住宅を建設をするという魅力的な未来像を抱いています。そして、その実現方法も分かっているつもりです」

「異なるタイプの経済学を応用し、新たな方法で富と生産性を操作するような展望をもっています」

「将来、どんな学校でも基礎科目として教えられるべき思考法について、展望を抱いています。それはすでにいくつかの国ではじめられています」

将来を展望する興奮と刺激は、客観的な価値判断より、ずっと進歩的である。将来の展望は考え方と行動の方向性を示してくれる。これが黄色い帽子の進歩的な側面なのだ。

創造力との関係性

- ・建設的な考え方と創造的な考え方との違い
- ・実効性と変化
- ・新しいアイディアと古いアイディア

黄色い帽子の思考法は、創造力に直接、関係しているわけではない。創造的な思考の側面は、次章で見ていく緑の帽子が強い。

確かに、黄色い帽子の考え方の積極的《プラス》な側面には、創造力が必要だ。また、黄色い帽子の考え方の「**肯定的な評価**」と「**建設的な側面**」は、創造力にとって不可欠なものだろう。

黄色い帽子をかぶればすぐれた考え方を生み出す人であっても、総合的には、創造性のない人もいるかもしれない。黄色い帽子と緑の帽子の二つを混同することはとても危険だ。なぜなら創造性のない人は、おそらく黄色い帽子の考え方が自分には向いていないと感じていると思うからだ。

創造力は「**変化**」「**革新**」「**発見**」「**新たな考え方**」「**選択肢**」などに関係している。黄色い帽子の思考法に長けている人であっても、新しいアイディアを持たない人がいるかもしれない。しかし、古い考えを効果的に利用することも、黄色い帽子で考える際の正しい訓練法なのである。つまり、その考え方は新しいものである必要はなく、新しい考え方を見つけ出そうとする意図さえ必要ない。黄色い帽子の考え方は、もちうる機能を発揮させる「**積極的な姿勢**」が大切なのだ。新しさより、むしろ実効性こそが黄色い帽子の意図するところなのだ。

創造性（creative）という言葉は広い意味をもっているため、英語の世界でもよく混乱が生じる。この言葉は二つの側面をもっている。一つは「何かを生み出すこと」だ。例えば、ある人が騒動を「引き起こす」、大工が椅子を「創作する」、企業が取り引きを「成立させる」といった使い方ができる。もう一つは「新しさ」である。この「新しさ」にも二種類あるため、さらに紛らわしい。一つは、それまであった物とは「異なる意味の」新しさ。例えば、すでに多くの人が使っていても、あなたのオフィスでは目新しいコミュニケーション機器などだ。二つ目は、「絶対的な意味で」新しいもの。つまり、かつてどこにもなかったような考え方や発明などである。

この「創造性」については、芸術家にとってはどこかジレンマのようなものがある。例えば、画家は明らかに、かつてどこにもなかったものを生み出そうとする。今度の絵が以前描いた絵とまったく同じものでない限り、それは「新しい」ものである。しかし、その絵には新たな概念や認識が何もないかもしれない。その画家の表現スタイルには強い個性があり、そのスタイルで次々と風景画が生み出されていく。ある意味では、独得の作風で描かれてはいるものの、同じような絵が流れ作業のように生産されていくともいえる。

黄色い帽子の考え方は、何かを生み出すことや、どこかで用いられたアイディアを再利用して、それを機能させることに関連している。さらに、一つの問題に選択肢を与える方法を生み出すことにも関連している。黄色い帽子の考え方は、捉えるべき好機を明確にしてくれるが、概念や認識を変えることにはならない。それは緑の帽子の役割なのだ。

積極的に何かを見ていこうとする姿勢そのものが、新たな認識を生み出してくれる。黄色い帽子をかぶって考えると、それが可能になる。

「グラスの半分が空なのではなく、半分もウイスキーが入っている」

誤まりや欠点を指摘するのは黒い帽子であり、それを取り去るのが緑の帽子の役割だ。それと同じように捉えるべき機会を明らかにするのは黄色い帽子であり、その機会を活用する新たな方法を見つけ出すのは、緑の帽子なのだ。

「ますます多くの人たちが都会に公園が必要だと考えています。私たちは、このことからどのような意味を読み取れるでしょうか？」

「出張中のビジネスマンの心を捉え、もっと多くの人をこのホテルに誘うことができれば、宿泊料金を値上げすることもできるでしょう。では、どのようにすればそれが実現できるでしょうか？　まず、いつものようにアイディアを出し合いましょう。そのあとで緑の帽子をかぶって、新しい考え方を見つけ出すことにしましょう」

黄色い帽子のまとめ

黄色い帽子の考え方は、「**積極的**」で「**建設的**」である。黄色は太陽の輝き、明るさ、楽観主義を象徴している。そして、黒い帽子が否定的な評価をするのに対して、黄色い帽子は、肯定的な評価をする。この肯定的な考え方は、理論的で実用的な考え方から、夢、将来の展望、希望などに至るまで、広い範囲にまたがっている。

黄色い帽子で考えることは、**「利益」**や**「利点」**を捜し出し、それに**「価値」**を見出すことだ。さらに、そのような価値や利益に対する論理的な裏付けを見つけ出そうと努力することでもある。しかし、楽観主義に基づいた健全なアイディアを見つけ出そうとすることに、何もこだわる必要はない。折よく、違ったタイプの楽観主義に出くわしたなら、それを利用してもいい。前向きで建設的であるがゆえに、具体的な提案や暗示を生み出してくれるのだ。そして、何かを生み出そうとする実効性と結び付いている。そのような実効性や実現の可能性こそが、黄色い帽子の建設的な考え方の意図するところである。

黄色い帽子の考え方は投機的であり、好機《チャンス》を捉えることができる。また、夢や将来の展望とも結び付いている。単なる楽天的な多幸症（注：非現実的な幸福感）（赤い帽子）とも、直接、新たな考え方を生み出すこと（緑の帽子）とも違う。

第7章

「緑の帽子」で考える

緑の帽子は「生気《エネルギー》」に満ちた帽子だ。植物の生長、新しい枝葉を想像してほしい。緑の帽子は**「創造性の帽子」**なのだ。

緑の帽子では、新しいアイディアやオプションを考える。これらには選びやすい選択肢や、また目新しい選択肢なども含まれるだろう。緑の帽子をかぶることで、私たちは提案されたアイディアに修正を加え、さらに改良しようとするわけだ。

今や創造力は「アイディアマン」の特権ではない。手持ち無沙汰にアイディアを待つ他の人たちを尻目に、彼らだけが活躍するような時代は終わった。つまり緑の帽子をかぶれば、誰もが創造力を働かせようと努力することになるのだ。人は大抵、黙っていたくないものだから創造力を働かせようと努力することになる。

創造力を働かせるための時間を割り当てることは、非常に重要である。創造力は、何かを考える際のカギを握る要素となる。

「期待する」側面も重要だ。誰しも自分が期待されていると分かると、うまく物事ができる。また、腕が上がると思える**「ゲーム」**なども、上手にこなせるだろう。つまり、自分には創造力がないと思っていた人も、創造力を働かせてみようという気になるのだ。そして、自信を深め、すぐに他の人と同じように創造的に考えるようになる。

緑の帽子では、**「可能性」**を追求することを許される。何かを考える時「可能性」は、想像以上に大きな役割を果たす。もし「可能性」という考え方がなければ、「進歩」することはないだろう。

二〇〇〇年前、中国の科学技術は西洋よりはるかに進んでいた。しかしそれ以後、技術の進歩はその歩みを止めたかのように思われた。なぜなら、中国人が仮説や推測といった考え方を発展させなかったからだといわれている。つまり、このような精神的風土といえるものがなければ、進歩を遂げることはできないのだ。

情報分析や論理的な推理というフィルターを通さなければ、進歩が得られないと信じている人は間違っている。思考の枠組みの中に、**「可能性」**という文字がなければ、新たな方法で情報を読み取ることさえできない。

緑の帽子をかぶれば、さまざまな進路を見つけ出し、行動を前に押し進めることができる。「こんな風にできるよ。いや、こうやってみたらどうだろう？　こうすればいいのかな」といった具合にだ。また、黒い帽子で指摘されたいくつかの難点を克服するために、緑の帽子を利用してもいい。また、困難を避けるためにアイディアを修正したり、アイディアを付け加えたりもできるだろう。

緑の帽子には**「最先端を走る」**創造力と**「慎重さを求める」**創造力の両方の考え方が含まれている。緑の帽子を使って、多くのアイディアや可能性が生み出されたとしても、会議中にすべての意見を検討する時間がないかもしれない。そんな時には、特定のテーマに絞って、それに適合するアイディアを選び出すために、赤い帽子を利用することもできる。例えば、「低コストを実現するアイディア」や「テストを簡単にするためのアイディア」といった事にテーマを絞るのだ。もちろん、あとで別のアイディアも検討する。

このように、緑の帽子のもつエネルギーは実践的に使うことができる。

創造的な考え方

・新しいアイディア、新しい概念、新しい認識
・新しいアイディアを意図的に生み出す
・選択の幅を広げる
・変化を求める
・問題点への新しいアプローチ

緑の帽子の思考法は、「**新しいアイディア**」と「**新しいものの見方・視点**」に関係している。

また、より良いアイディアを見つけ出すために、「古い考えから脱け出す」ことにも関係がある。そして「変化」にも関係がある。緑の帽子で考えることは、意図的に、これらの方向に焦点を絞って考えようとすることである。

「さあ、この件について何か新しいアイディアを見つけるために、緑の帽子をかぶって考えてみよう」

「私たちは泥沼にはまり込んだようだ。古い考えの周りを堂々巡りしているよ。何とかして新しいアプローチを見つけないといけない。今こそ、緑の帽子をかぶる時だな。さあ、始めよう」

「あなたはこの問題に対して、オーソドクスなアプローチで考えていますね。結局、そこに落ち着くとは思いますが、一〇分間だけ緑の帽子をかぶって考えてみましょう。何か新しいアプローチが見つかるかもしれませんよ」

「この問題は緑の帽子の考え方で解決する必要があります」

「**創造力**」が必要なのは、役に立つ考えがないからだ。また、物事をよりシンプルに良い方法で進めたいゆえ、創造力が必要になる。

もっと能率の良い方法で作業を進めたいという欲求は、私たちが物を考える際の背景になるべきだ。しかし時には、自分からテーマを絞って創造力を発揮したいと思うこともある。そんな時、緑の帽子は、赤い帽子が「感情」を、黒い帽子が「警戒」へとうまく導いてくれたように、私たちの頭のスイッチを切り替えてくれる。

実際、何かを考える場面では、他のどんな帽子よりも緑の帽子を必要とすることが多い。創造的な考え方を訓練する時には、その刺激剤として、わざと論理的に矛盾した考え方を導くことも重要だ。新しいコンセプトをわざわざ引き出すのに、自分が道化師を演じていることを、周りの人たちにも理解してもらわなければならない。たとえ、新しいアイディアが挑発的なものでなくても、新しいアイディアは新芽と同じように繊細で弱いものなのだ。思いがけない黒い帽子の否定的な「霜《しも》」を防ぐためにも、緑の帽子が必要なのだ。

すでに各章でも触れてきたように、六つの帽子の「**相手にシグナルを送る**」価値には、いくつかの側面がある。例えば、誰かに特定の色の帽子をかぶってもらい、その帽子の考え方に沿った意見を「**求める**」ことができる。また、周りの人たちがある特定の考え方を求めていることを「**指摘する**」こともできる。あなたが特別な方法で考えようとしていることを、他の人たちに

「合図する」ことができる。それに対して、彼らもあなたの貢献に報いるようにしかるべき考え方で応えなければならない。そして、いちばん重要なのは、あなたが**「自分自身にシグナルを送る」**ことができることだ。これは緑の帽子では特に重要になる。あなたが意図的に緑の帽子をかぶったとしたら、これは、自分から創造的な考え方をする時間をもとうとしていることを表わしている。

このような積極的な姿勢は、アイディアが思いつくのをただ待つ受け身の姿勢とは雲泥の差がある。たとえ、緑の帽子をかぶっている間に新しいアイディアが思い浮かばなかったとしても、「考え出そう」と実際に努力しているわけだ。創造的な考え方が意図的にできるようになれば、アイディアの数が増えてくるのが分かるだろう。このように、緑の帽子は創造的な考え方を特別なものではなく、考えるというプロセスの一部にしてくれる。

とはいっても、「創造的な考え方」という言葉は、「認識」「判断」「批判」といった自然な習慣とは相反するため、多くの人にとって難しい印象を与えるかもしれない。そもそも脳は「認識するマシーン」としてデザインされているからだ。つまり、脳は思考パターンを組み立てたり、それを利用したり、パターンに「適合しない」ものを指摘するように作られているのだ。考える人は誰しも、確実で正しくあろうとする。しかし「創造性」には挑発や探求、危険をかけた冒険などが含まれている。また、「実験的な考え方」も含まれるだろう。その実験がどのような結果になるのかは事前には分からない。しかし、実験がうまく成功することを願うことはできる。

「緑の帽子をかぶって考える必要があります。あまりにも否定的に考えすぎています。それは黒い帽子の考え方ではありませんか？」

「緑の帽子で提案するなら、刑期を終えた長期受刑者には、人並みの住宅を提供すべきだと思います。そんな思いやりが彼らを社会復帰させることになり、失った物を少しでも取り戻し、彼らの再犯を防止することにも役立つのです。挑発的な意見だと考えていただいても結構です」

「緑の帽子の考え方で意見を述べれば、私たちはもっと販売面に力を入れるべきだと思います」

緑の帽子それ自身だけでは人を創造的にはできない。しかし、そうするための「時間」と「焦点」を与えてくれる。もし、選択肢を見つけ出すためにより多くの時間を掛ければ、それだけ多くの選択肢を見つけることができるだろう。

創造力のある人は、大抵、創造的に「考えようと」心掛けて、なるべく多くの時間をそれに費す人である。というのは、そういう人たちは、周りの人からそれだけ多くの刺激を受けているからだ。緑の帽子の仕掛けは、一種「人工的な刺激」といえるかもしれない。ある人に刺激を与えるだけで創造させることは難しいが、緑の帽子で創造的な考え方を「求める」のは容易なことである。

創造性は、ただ「積極的」で「楽観主義的」である以上のものだ。積極的で肯定的な姿勢は、むしろ赤い帽子の考え方に合っているし、肯定的な評価は黄色い帽子の考え方に適している。緑の帽子は、**「新しいアイディア」「新しいアプローチ」「さらに一歩進んだ選択肢」**そのものを求めているのである。

白い帽子では、中立的で客観的な情報を手に入れることができた。黒い帽子では、特定の批判的な意見を導くことができた。黄色い帽子では、肯定的な評価を得ようとしたが、それは常に可能ではなかった。赤い帽子では、中立的な意見が含まれていたとしても、他の人たちの感情を知ることができた。しかし、緑の帽子は、何も要求するものはない。ただ「**努力**」を求めるだけだ。つまり、新しいアイディアを生み出すために、「**時間を設定**」するだけでよい。要求をしたとしても、何ら新しいアイディアを見つけられないかもしれない。しかし、ここで重要なのは、時間を掛けて創造的なアイディアを生み出す「努力をする」ことなのだ。

水平思考

・水平思考と創造力との関連
・ユーモアと水平思考
・情報の自己最適化システム*による思考パターンの変換
（*コンピュータのシステム用語で、一定の志向性を持ち、思考パターンなどを自律的に最適状態に変化させながら、目的達成を図るシステム）

緑の帽子を解説する中で、「創造力」という言葉を使った。それは、この言葉が一般的によく使われるからだ。読者の多くは、おそらく私の名前や私が考案した「水平思考」という概念を聞いたことがないだろう。だから、緑の帽子は、創造的になる努力という広いレンジをカバーすることと、水平思考に限定されないことを言っておきたい。

「水平思考」という言葉は一九六七年に考案した。今では正式な英単語（lateral thinking）として『オックスフォード英語辞典』に詳細が紹介されている。

私は二つの理由から、「**水平思考**」という言葉を考案した。一つは、黄色い帽子の章で紹介した通り、「創造力」という言葉の意味が広範で、しかも幾分あいまいなところがあるということだ。「創造力」という言葉は、〝混乱を〟生み出すことから、〝調和を〟生み出すことまで、とにかく「物を生み出すあらゆる事」を表現するように思われる。水平思考には概念や認識を変化させる確かな機能があり、歴史的には経験を形成する一定の方法（パターン）となっている。

二つ目の理由は、水平思考が直接、情報の自己最適化システムを応用した情報活動に基づいていることである。水平思考は「非対称交換システムのパターン変換」なのである。若干、難しく聞こえるかもしれないが、水平思考の技術的な原理はあえて理解する必要はなく、そのテクニックを利用すれば十分である。しかし、その原理を知りたいと思われる方のために、少しだけ解説を加えておくと、論理的思考が象徴的な言葉（特定の世界観）の行動原理に基づいているのと同様に、水平思考はパターンシステム（これも特定の世界観）の行動原理に基づいているということだ。

実際には、ユーモアのメカニズムと水平思考のメカニズムとは、非常に近い関係にある。どちらにも「**パターン認識の非対称性**」があるのだ。つまり、これは何かが明らかになると、そのあとで突然、飛躍的なひらめきや洞察力が働くことが基本原理になっている。

水平思考の考え抜かれたテクニック（さまざまなタイプの〝刺激〟と〝動き《ムーブメント》〟）は直接、パターンシステムの行動に基づいている。そのテクニックは、考える人が特定のパターンに従うのではなく、パターンの間を縦横に移動することができるように工夫されている。そして、新たなパターンに移動し、重要なことがつかめると、「新しい発見の喜び」を味わえるのだ。

思考技術を開発する多くの分野では、考え方のパターンをコンピュータで「データ処理」する方向に傾いている。私たちは数学、統計学、データ処理、言語学、論理学などの知識を応用した、すばらしいシステムを開発した。しかし、このデータ処理システムは、言葉やシンボル、認識による相互関係があれば、よりうまく機能する。私たちを取り巻く複雑な世界を、認識の力によってこれらの形式に集約して当てはめるわけである。つまり、そのような認識をもつ中で、従来の思考パターンを変化させようとする水平思考が機能することになる。

水平思考には姿勢、用語、段階、技法などが含まれている。『水平思考』("Lateral Thinking")と『マネージメントのための水平思考』("Lateral Thinking for Management")という本の中で、それについて書いているので参考にしてほしい。

しかし、この後の章で水平思考の基本的なポイントについて、いくつか紹介してみたいと思う。というのは、これらのポイントが緑の帽子の考え方を訓練する基本にもなっているからだ。

判断ではなく思考パターンの動き《ムーブメント》

・到達手段としてアイディアを用いる
・このアイディアは私をどこへ導くのか？
・アイディアの先行効果

ふつうに何かを考える時、私たちは何らかの「判断」を下す。このアイディアは知識とどんな関係があるのだろうか？　経験から得た認識パターンに合っているのだろうか？

私たちはそれが適切であるかどうかを判断したり、なぜ適切でないのかを指摘する。批判的な考え方や黒い帽子の考え方は、ある意見が既知の事実とどれだけうまく適合しているかを判断するのと直接的に関係がある。

これをアイディアの「**逆行効果**」と呼んでいる。つまり、あるアイディアを評価するのに、過去にさかのぼって自分の経験から確かめてみるわけだ。説明書が説明されている物と一致していなければならないように、アイディアが自分の知識に適合していることを望むのだ。では、それ以外の方法で、正しいという状況の判断はできるのだろうか？

黄色い帽子、黒い帽子いずれの考え方でも、判断を下すことは、考える際に不可欠な要素である。「判断」がなければ、何一つ考えることができない。しかし、緑の帽子では、それを別の言葉で置き換えなければならない。つまり、「判断」は、思考パターンの「ムーブメント」という言葉と置き替わる。

ここで、この「ムーブメント」という言葉が、単に〝判断の欠如〟を示すものではないことを明確にしておきたい。創造的な思考に関する初期の研究の多くは、「判断」に主眼を置かずに、常に後回しにしてきた。それはあまりにお粗末だ。なぜなら、判断は考える人に、「何をすべきでないか」を教えるだけで、「何をすべきか」を教えてはくれない。

思考パターンの「ムーブメント」は活動的な言葉だ。「動く力」によって、アイディアを活用できる。一つのアイディアから「ムーブメント」を引き出すために工夫された多くの方法がある。例えば、基本原理を引き出したり、相違点を証明したりする方法だ。

思考パターンの「ムーブメント」があれば、アイディア自身がもつ「**先行効果**」を利用できる。どこへ導いてくれるのか、それがどんな物をもたらしてくれるのかを見極めるために、つまり、物事を前に押し進めるためにアイディアを用いるのだ。それはまさに、河の向こう岸へ渡るのに橋を利用するように、一つの思考パターンから別の思考パターンへと移行するための「橋」として、刺激的なアイディアを利用するということだ。

これから見ていくように、「刺激」と「ムーブメント」は同じ歩調で進む。「ムーブメント」

という考え方がなければ、「刺激」を用いることはできない。もし、刺激的な考え方がなければ、古い思考パターンから抜け出せず、前に進むことができないだろう。

「判断するためではなく、〝ムーブメント〟を引き出すために、このアイディアを利用してもらいたいのです。もし、誰もがみんな警察官になったとしたら、どうなるでしょうか？」

一九七一年四月『ニューヨーク・マガジン』のカバーストーリーでも解説したが、そのような刺激的な考え方は「隣人の監視の目」という概念を導くことになる。現在では、この「水平思考」がアメリカにある二万余りの自治体で採用されているが、この思考法は「警察官の目や耳」をもって、市民が生活しようというものである。実際に、この思考法を採用している地域では、犯罪件数がかなり減少したといわれている。

「四角いハンバーガーを作ったとします。あなたはそのアイディアからどんな思考パターンのムーブメントを引き出すことができますか？」

「保険の名義を自由に転売できるような生命保険があると仮定します。緑の帽子の視点から、

それを考えてみましょう」

後者の発言は、現実に保険金の受取りが人から人へ転売できるかのような錯覚を起こさせる。そうなれば、人は自分の命をてんびんに掛けるような危険を犯すことになるかもしれない。もし、あなたの命がＡＡＡ《スリーエー》の危険度だと判定されたなら、額面通りの利益を受け取ることになるだろう。ところが、危険度がＡＡ（ＡＡＡより危険度が大きい）であれば、それより少額の利益しか手に入らないことになる。

時にアイディアは、まったく異なるアイディアを導くための橋渡しとして用いられることがある。そんな橋渡しのアイディアから、いくつかの基本原理しか引き出せず、別のアイディアに応用することしかできないこともある。また、時には、アイディアの〝新芽〟を上手に手に入れ、水をやりながら立派に成長するまで大切に育てることもある。さらに、不明瞭なアイディアを持ち出して、それに具体的で実用的な形を与えることもある。

「ムーブメント」はこのような側面をすべて持ち合わせている。ポイントは、アイディアを前に押し進めることと、また別のアイディアへと移行させることだ。

「前向きの姿勢をもとうとする人は、黄色いシャツやブラウスを身に付けるようにすればいい

と思います。そのアイディアがどんな考えをもたらすのか、緑の帽子をかぶって意見を聞かせてください」

「私の印象では、黄色いシャツを着ようと思った人が、それによって自分自身のイメージを表わしているように思います」

「そのアイディアから感じることは、野心はもっているけれど、誰も自分の才能に気づいてくれないことを、黄色いシャツを着て訴えているように思います。野心のある人たちを訓練することで、彼らの能力を引き出してやることは、とても重要なことでしょう」

「それはゲームのルールになるように思います。黄色いシャツを着ることは〝昇進ゲーム〟の巧みなルールになって、誰もがそのゲームに参加することになるでしょう。昇進するために何をすればよいのかを心得ている人が、一体何人いるでしょうか？」

「そのアイディアから思うのは、中には昇進したくないと考えている人もいるということです。彼らは黄色いシャツを着ることで、その意思表示をすることもできます。つまり、彼らは今の仕事を続けたいと考えているわけです」

「私が思うに、それは指導者を生み出す方法かもしれません。つまり、リーダーになる人はあえて黄色いシャツを着る前に、自分の周りの人たちの意向を尊重することを強く確信していなければならないでしょう」

以上のように、思考パターンの「ムーブメント」から役に立つアイディアを数多く生み出すことができる。しかし、これらのどのアイディアも、実際に黄色いシャツを使用する必要はない。

「土曜日を出勤日にして、水曜日にミッドウィークの休日をとるというアイディアがあるのですが、緑の帽子の考え方で意見を聞かせてくれませんか？」

「週末に仕事が回ってくるのは誰しも嫌です。それとはまったく別なアイディアですが、土・日に専門用員を雇う案もあります。これは実現しそうにないアイディアですが、緑の帽子をかぶって考えてみてください」

このアイディアは、実際に採用されてうまくいった実例である。アイディアを緑の帽子で考えたことによって、それを実践してみようという気を起こさせたわけだ（この特異な事例では、黄色い帽子でも同じ結果が出たかもしれない）。

思考パターンの「ムーブメント」は、単にアイディアを積極的に評価するより、さらに一歩踏み込んだ考え方にすべきである。つまり、ムーブメントは判断のプロセスではなく、〝思考の力学〟のプロセスなのだ。

「このアイディアの興味深い点はどこなのか？」「このアイディアが他と異なっている点はどこ

にあるのか？」「このアイディアはどんなことを暗示しているのか？」「このアイディアからどんなことが導き出せるのか？」――こうした疑問こそが、「ムーブメント」の考え方を引き出してくれる。

ここで覚えておくポイントは、緑の帽子の考え方の、「**ムーブメント**」という言葉が「**判断**」という言葉と完全に置き替わることだ。

刺激（挑発）の必要性

・PO《ポー》という言葉を使え
・不合理の論理
・無作為の刺激

科学的な発見は、常に論理的なプロセスに基づいて着実に生み出されるかのように紹介される。確かに、そのようなプロセスを経て新事実が発見される場合もあるだろう。しかし、その論理的なプロセスが、いわゆる後知恵《あとぢえ》になっていて、実際に結果が出たあとで初めて、その意味が分かる場合もある。また、予想外のミスやハプニングが、新しいアイディアを生み出す刺激となることもある。「ペニシリン」が、細胞培養皿に偶然発生した「アオカビ」がきっかけで発見された話は有名である。コロンブスが大西洋を探検することになったのも、彼が古代文献を基に、距離計算を間違ってしまったからだ。

自然はそのような「刺激」を与えてくれる。通常の思考プロセスにはその場所がないため、刺激は決して見つからない。刺激の役割とは、いつものパターンから思考を引き抜くことなのだ。

刺激の論理は、非対称の思考パターンシステムの論理に直接、基づいている（拙著『ＰＯイエスとノーの彼方』（"PO：Beyond Yes and No"）参照）ただ座って刺激を待つこともできるし、自分から刺激を生み出すこともできる。つまりこれが水平思考で起こることだ。刺激を利用する能力は水平思考の不可欠な要素なのだ。

思考パターンの「ムーブメント」という概念を見てきたが、それはまさに「刺激の使い方」であり、「ムーブメントを引き出す考え方」として利用するわけである。では、その刺激をどのように設定するのかを見ていく。

何年も前に、私はアイディアを前に押し進めるための「刺激とそのムーブメントの価値」を象徴するものとして「ＰＯ《ポー》」という言葉を創り出した。このＰＯは、「Provocative Operation（刺激的な操作）」の省略形と考えてもらってもよい。

ＰＯは休戦を意味する「白旗」のような働きをもっている。もし、白旗を振って城壁に近づいてくる人がいたら、その人を攻撃することはゲームのルールを破ることになる。それと同様に、もしあるアイディアがＰＯに保護されて提案されたなら、黒い帽子の判断によってそのアイディアを却下することはゲームのルールに反することになる。

ある意味、「ＰＯ」という言葉は、緑の帽子の考え方と同じ働きがあるといえる。緑の帽子をかぶっている人は、〝変な〟アイディアを発言することさえ許される。つまり、緑の帽子はＰＯよりもずっと幅広い考え方かもしれないが、ＰＯは、より具体的である。だからこそ、両方の考え方を用いることがベストなのだ。

「ＰＯの車には四角い車輪がついていなければならない」

「ＰＯの飛行機は上下逆さまに着陸しなければならない」

「ＰＯの買い物客は品物を買ったらお金を受け取らなければならない」

「ＰＯの幹部社員は自分自身を昇進させなければならない」

「河を汚染するＰＯの工場は、その河の下流になければならない」

最後のＰＯの工場の発言は、次のような法的規制に関する新しいアイディアを導いてくれる。「河沿いにある工場は、工業用水の取入口を工場の排水口の下流に作らなければならない」という規制である。それによって、工場はみずからが流した汚染物質の被害を受ける最初の事例となるわけだ。

「ＰＯ」という言葉のもつ刺激は、hypothesis（仮説）、suppose（推測）、possible（可能性）、poetry（詩）といった言葉にも見出せるかもしれない。いずれもアイディアに「先行効果」、つまり「何かを刺激する効果」をもたせることになる。

物事を不合理かつ非論理的に説明するような機会は、日常生活ではないだろう。したがって、こうした考え方は常識的なパターンから外れている。つまり、刺激を与えられることで、無理やり習慣的な認識パターンから脱け出さなければならなくなる。私たちがそんな刺激を受けて前に進む時、次のような三つの場合が考えられる。「思考パターンの『ムーブメント』を実践できない」「いつもの思考パターンに戻ってしまう」「新たな思考パターンに頭を切り替えることができる」。

一つのアイディアから「ムーブメント」を引き出す正式な方法があるように、刺激を生み出す正式な方法もある。それらの方法は「水平思考」の意図的なテクニックになっている。

例えば、刺激を生み出す簡単な方法の一つが、「逆転の発想」だ。ごく普通の事を述べたあとに、それを逆さにしたり、裏返しにしてみる。

「買い物客は品物を買うと、ふつうはお金を支払いますが、ここでは発想を逆転してみましょう。ＰＯの店では買い物をしてくれた客にお金を払います」

「その考え方は商品の引換えスタンプのアイディアを導いてくれます。つまり、購入額に応じて買い物客に少額のお金を還元するわけです」

「あるいは、こんなアイディアも考えられますね。店のレジに一〇万円貯まるごとに、幸運な客にいくらかの賞金を与えるというアイディアです」

刺激的な考え方（ＰＯ）は、不合理で非論理的である必要はない。いたってまじめなアイディアを刺激剤として用いることもできる。もし、気に食わないアイディアや黒い帽子の考え方ですぐに却下できるようなアイディアを誰かが提案したなら、緑の帽子をかぶらず、そのアイディアを「刺激的な考え方として」扱うよう選ぶこともできるのである。このような選択はいつでも可能だ。

「あなたのアイディア、無人の野菜スタンドなどの『自主管理システム』を導入する店が、どうしてうまく機能するのか私には分かりません。なぜなら、計算をごまかす客が後を絶たないからです。でも、それを刺激剤として用いるために、私は緑の帽子をかぶってみようと思います。その考えでは、買い物客が自分で勝手に計算するため、どんな方法を考案しようと、結局、正しい支払いはされないと思うのです」

刺激を生み出すもっともシンプルな方法は、〝思いつきの言葉〟を使うことだ。辞書を出して、思いついた数字のページを開いてみる。そして、次に思いついた数字をページの行数としてみよう。例えば、「九二」ページを思いつき、上から「八」行目の単語に出くわしたとする。この場合、動詞などよりは、名詞の方がうまくいく。もしかしたら、辞書より、よく使う名詞リストなどを使った方がいいかもしれない。

例えば、タバコに関する新しいアイディアを模索していると仮定し、たまたま「カエル」という単語を思いついたとしよう。

「それでは、POの『カエル』と『タバコ』とを結び付けて考えることにしましょう。カエルはピョンピョン跳ねますから、そのタバコも少し時間が経つとすぐに消えると考えることもできます。この考え方は火事を防ぐために役立つかもしれませんね。それに、一本のタバコを少しだけ吸って、またあとでその続きを吸うこともできます。また、非常に短く、二、三分しか吸う時間のないこのタバコには、『ショート』という新しい商標名を付けることもできるでしょう」

「テレビに関して新しいアイディアを提案したいと思います。『チーズ』という単語を思いつきましたので、テレビとPOのチーズとを結び付けて考えてみたいのです。つまり、チーズには穴があいていますから、POのテレビ画面にも穴があいています。これは何のことでしょうか？ たぶん、画面にはいくつかの〝窓〟があって、他のチャンネルではどんな番組をやっているのかを見ることができるわけです」

論理的にいくと、何かを発言する前には必ずその根拠がなければならない。しかし、「刺激」の考え方では、何かを発言した〝あとでも〟、その根拠が見つからないこともあるかもしれない。刺激はある効果を生み出す。そしてこの、「効果」の価値は、刺激を正当化することだ。

単なる思いつきの言葉に問題を解決する力があるとは考えにくいかもしれない。「思いつき」というのは、その言葉が前後の関連をもたないという意味だ。しかし、非対称パターンのシステムの論理では、思いつきの言葉がなぜ有効なのか理解できる。「思いつきの言葉」は、異なる「思考の出発点」を与えてくれる。新しい思考の出発点から論理の道筋をたどっていけば、直接、問題点と向き合いながら、これまで一度も経験したことのない思考パターンに入る可能性が広がるのだ。

思考パターンのムーブメントが緑の帽子の基本的な要素であるように、刺激もその大切な要素なのである。フランスに居れば、自然にフランス語を話すようになるだろう。緑の帽子をかぶれば、**「創造力の文法」**として、自然に「刺激」と「ムーブメント」を使うようになる。

選択肢

- 簡単に満足しすぎる
- 進路の取捨選択
- 選択肢のさまざまなレベル

数学の計算練習では順に問題を解いていくが、一つの問題に時間を掛けすぎても、あまり意味がない。なぜなら、たとえその問題が正解であっても、他の問題を解く実力は身につかないからである。

多くの人はこの考え方を自分の生活にも当てはめようとする。つまり、問題の答えが出ると、そこで考えることをやめてしまうのである。最初の答えに満足してしまうのだ。しかし、現実生活は、学校で出される計算問題とはまったく違う。答えは一つとは限らないし、他にもっと良い答えがあるかもしれない。もっとコストの安いもの、もっと信頼できるもの、もっと簡単に実践できるものなどがあるかもしれないのだ。「最初」の答えがベストである理由などどこにもない。ただし、時間が限られており、しかも解決すべき問題が山積しているなら、最初の答えに満足するのもいいだろう。しかし、もし掛かりつけの医師が最初に少し診断を下しただけで、それ以後、病気について深く考えようとしなかったら、あなたはどうするだろうか?

だからこそ、最初の答えが分かったとしても、いつでもそこに戻って新しい答えが出せることに注目すべきである。選択肢を探したり、別の解決策を見つけ出そうとしたりして多くの可能性を得られた時点で、どれが要求や資質に合っているかを見極めて、ベストの選択をすればいい。たとえ、問題を解決するのに最適の方法を講じたとしても、それがベストであるとは限らない。常に他の方法を探すべきである。これは単なる誤まりの訂正や問題解決ではない、あらゆる進歩の基本になる。

ここまでは、すでに解決策が見つかった状況だけを検討してきた。選択肢を模索するのは、より良い方法を探し出そうとするためである。しかし時に、前に進めるための方策がまだ講じられていない場合もある。

旅行を計画する時は、選択できるコースを考える。それと同様に、心の中で状況の地図を描き終わったなら、目的を達成するために選択し得るさまざまな進路を探し出すのだ。

選択肢の概念は、何かをするのに方法は一つではないことを教えてくれる。また、物の見方も一つではない。

さまざまな選択肢があり、それを模索するという認識は、創造的な考え方において不可欠な要素だ。実際、水平思考のそれぞれのテクニックは、どれも新たな選択肢を見つけることを目的としている。

「認識」「説明」「行動」などの選択肢を探し出そうとする意思こそが、緑の帽子ではキーポイントになる。

「我が社のライバル新聞が講読料を値上げした。緑の帽子をかぶって、考え得る選択肢をリストアップしてくれ」

「『もし、多額の現金を支払わなければ、店の商品に毒薬を入れる』という脅迫状を受け取ったばかりだ。この状況を打開し得るあらゆる選択肢を洗い出し、最善の策を見つけ出すために緑の帽子をかぶって考えてみよう」

選択肢を探すには創造的な姿勢が必要だ。つまり、さまざまなアプローチがあると認識しなければならない。しかし、実際の作業は、明確な選択肢が見つかるまで、特別な創造力を必要とはしないだろう。ただ、問題に意識を集中することや、それに対処する既存の方法をリストアップすることが重要になるだけである。しかし、それだけでは十分とはいえない。最初の解決策を上回るための努力が必要であるように、わかりやすい選択肢を見極めるために創造的な努力をすべきなのだ。厳密に言うと、こうしたプラスαの模索には、緑の帽子さえあればいい。そんな模索の手始めに、白い帽子をかぶって考えることもできるだろう。

「そのような状況で一般に使われるアプローチでやってみよう」

実践の場では、緑の帽子であらゆる選択肢を探してみるのが都合がよい。ビジネストレーニングでは、意思決定《ディシジョン・メーキング》に重点が置かれている。しかし、どんな決定事項の質も、決定する人に与えられている選択肢に大きく左右される。

「休日のキャンプ地を決定しようと思います。各自、緑の帽子をかぶって、さまざまな選択肢を考えてみてください。そのあとで、候補地を一つに絞っていきましょう」

「どのような方法でこれらのコンピュータを販売すればよいのでしょう？　何か販売戦略の代替案がありますか？」

論理的な方法で調査すれば、あらゆる選択肢が見つかると信じている人も多い。限られた条件下ではそれも有効だが、実生活の中ではそれは難しいだろう。

「ここで考えられる選択肢は三つしかない。つまり、価格をそのまま据え置くか、値下げするか、それとも値上げするかのいずれかである。他に選択の余地はない」

この発言にある「価格」に関して考えられる行動は、結局、この三つの選択肢のどれかに落ち着くことは事実である。しかし、実際には多種多様なバリエーションが考えられる。例えば、

「あとで価格を引き下げる（どれくらいあとに？）」「いくつかの商品のみ値下げする」「生産計画を変更して低価格商品を作る」「価格が高いことを正当化するために商品の宣伝活動を変更する（価格を据え置くにせよ、引き上げるにせよ）」「しばらくの間値下げをして、再び値上げをする」「価格は据え置くが特別なディスカウントをする」「値下げをして、そのあとでオプションの特別料金を設定する」などだ。このような選択肢を考えたら（もっと多くの可能性も考えられる）、最初に考えた三つの選択肢の中の一つとして、それらを分類・整理することもできるだろう。しかし、ただ三つの選択肢をリストアップしただけでは、こんなに多くの選択肢は生まれてこない。

頭の硬い人によく見うけられる失敗は、主要な選択肢を大ざっぱに分類するだけで、それ以上踏み込んで考えようとしないことである。

「私が本当に望んでいるのは、商品の値上げと値下げを同時に行うことです。つまり、安価な日用品の生産ラインと高価な高級品の生産ラインを創設することです」

選択肢にはさまざまなレベル（段階）がある。例えば、短い休暇（自由な時間）があるとするなら、どのように使えるだろうか？　バカンスに出かけることもできるだろうし、何かの講習会に参加することもできるだろう。あるいは、ゆっくり庭いじりをしてもいいし、ちょっとしたアルバイトもできるだろう。

もし、バカンスに行くと決めたなら、次のレベルへ移る。どんなバカンスを過ごしたいか？海で日光浴もできるし、クルーズを楽しんだり、野外スポーツを楽しんだりもできる。もし海で日光浴を楽しむバカンスに出掛けるなら、さらに次のレベルへ移る。どこへ行くのか？　地中海やカリブ海、太平洋の島々などが考えられるだろう。それに、どんな手段で目的地へ行き、どこに滞在するのかも、すべて選択肢が重要になってくる。

このように、選択肢は、レベルを設定する考えの枠組みの中で探すことになる。通常は、その枠の中に留まっていたいと思うものだ。

「傘の柄に関するデザインの代替案をあなたに求めているのです。レインコートのデザインはすでにいただいています」

時には、考えの枠組みを捨て去り、さらに高いレベルに行く必要もある。

「トラックの荷積み方法について、アイディアを求めているようですが、その製品を列車で輸

送する方が、ずっと理にかなっていると思います」

「宣伝キャンペーンのメディアについて、アイディアを求めているわけですね。マスコミのPR活動に投資する方がよいというのが私の意見です」

あらゆる手段を用いて、時には考え方の枠組みを捨て去って、選択肢のレベルを変化させることも大切である。しかし、特定のレベル内で、選択肢を模索することも必要だ。創造力のある人が、いつも与えられるものとは異なる問題を解決しようとすると、創造力はかえってマイナス効果になってしまう。そこには、まぎれもないジレンマが残される。つまり、与えられた枠組みの中でのみ選択肢を探し出すべきか、そしていつその枠組みから脱け出すべきかというジレンマに陥る。

ここが、あらゆる創造性においてもっとも難しい地点なのだ。つまり、創造のポーズ（小休止）である。どの時点で創造のポーズをとるべきかは、すべて私たちの判断に委ねられている。

物事が順調に進んでいる時でも、必要であれば別の選択肢を探してきたし、問題に対する別なアプローチも見つけ出してきた。では創造力によって、さらに何が必要になるのか？

私は以前、ベルの鳴っていない目覚まし時計のスイッチを消そうと、数分ほど必死に探した経験がある。その時私は、この音はひょっとしたら、もう一つ別の目覚まし時計から聞こえているのかもしれないと、創造のポーズをとって考えなかった。

「選択肢を見つけるのに、どうしてここでポーズをとって考えるべきなのか明確な理由はない。でもとってみようとさえ思えば、創造のポーズがとれる」

一般に、私たちは何か問題を解決する時には、その問題に集中しすぎてしまう。わざわざポーズをとってさらに別なアイディアを生み出そうと考えるよりも、順調に事が運ぶことを望むものだ。

「ここで問題があるとは考えたくないのです。なぜなら、実際、現状は何も問題がないからです。でも、緑の帽子をかぶって、『車を売る前に塗装する』という一般的な習慣について、少し創造のポーズをとって考えてほしいのです」

「では、この点に関して、緑の帽子のポーズをとりましょう。セールスマンは自分の売り上げについて歩合を受け取っています」

「車のハンドルについて考えてください。それはうまく機能しています。緑の帽子をかぶり、創造のポーズをとってください」

個性とスキル

・創造力にとって大切なのはスキル、才能、それとも個性？
・仮面を変えることは顔の表情を変えるよりやさしい
・スキルを磨くことにプライドをもて！

創造力に大切なのは、スキルなのか、才能なのか、それとも個性かと訊《き》かれることがある。正解は、その三つどれも当てはまるが、私はそうは答えない。というのは、創造力が「才能」と「個性」の問題だと言ってしまったら、誰も創造力を働かせようと努力しなくなってしまうからだ。自分にはそれがないという理由で、他人まかせにするだろう。

だからこそ、創造的に考えるスキルは意図的に訓練する必要があること（例えば、水平思考のテクニックなどを通して）を、とりわけ強調したい。さらに、訓練すればテニスやスキーのテクニックが磨けるのと同じように（大抵の人は適性レベルにまで到達できる）、創造的な考え方も訓練次第でその技を磨くことができる。

創造力を特別な才能だと思うのはよくない。創造力は誰にでもあるものだし、どんな人にとっても物を考えるため不可欠な要素だ。私たちは何も天才になろうとしているわけではない。テニスの選手も誰もがウインブルドンで優勝することを望んではいない。

私はよく「あの人は、生まれつき黒い帽子の考え方をする」という発言を耳にする。そんな人たちは、個性を変えるためのアイディアや意見を壊すことに喜びを見出しているのだ。彼らの個性を緩和したり、たとえ彼らがそれを望んでいなくても、創造力の才能を磨くことができるのだろうか、などと尋ねられる。

人の個性を変えることができるとは思わない。もし、人が創造力の「論理」を心得たなら、創造力に対するその人の態度に消えることのない効果をもたらすと私は信じている。実際に、そうなった事例を私はこれまでに何回か見てきた。そうなるためのもっとも実践的なアプローチが、緑の帽子の考え方を用いることなのである。

「あなたは黒い帽子をかぶって考える時、すばらしい考えを披露してくれます。だから、そのすぐれた批評眼を失ってほしくはないと思っています。でも、緑の帽子についてはどうでしょ

うか？ あなたがその考え方もできることを見せてくれませんか？」

「たぶん、あなたは一つの帽子をかぶって考えるのが好きなんでしょう。つまり、オールラウンドプレーヤーではないわけですね。得意な歌も一曲しかないのかもしれません。否定的な考え方のスペシャリストでいる方がよいと思います。ですから、黒い帽子の考え方が必要な時だけ、あなたに議論に加わってもらうことにしましょう」

誰しも片寄った考え方の人だとは思われたくない。黒い帽子をかぶるとすばらしい考え方ができる人も、多少なりとも、緑の帽子の考え方ができる方がよいだろう。

緑の帽子と黒い帽子をはっきり区別する意味は、黒い帽子の考え方しかできない人は、創造力を働かせるのに自分のネガティブな性格を抑える必要はないと感じているからである。そんな人が否定的な考え方をしている時、以前（自分の個性を変える必要のない時）と変わらないほど、十分に否定的であるに違いない。

「悲劇の仮面」と「喜劇の仮面」は別のものである。俳優自身が変わることはないが、彼の演技は、かぶる仮面によって大きく左右される。事実、喜劇にせよ悲劇にせよ、演じることへのプライドは同じだ。俳優として、自分の技能そのものにプライドがあるからだ。

それとまったく同じように、考える人も、考える一人としてのプライドをもつべきである。つまり、「六つの帽子」をかぶって考える人は、その状況に応じた考え方を実践するスキルを身に付ける必要があるのだ。このことは、〝ネガティブな性格〟をどのように変えていくか、という大切な問題にも関係ある。

「この点について、緑の帽子の考え方ができないのなら、あなたはしばらくの間、黙っていてください」

「せめて、緑の帽子をかぶって考えようとすることぐらい、あなたにもできるはずです。それができないなら、みんなの信頼を得ることなどできないでしょう」

創造的な考え方は、思考プロセスにおいて不可欠な要素と見なされないため、弱い立場に置かれることが多い。緑の帽子は他の要素と並んで、創造的な考え方が思考プロセスにおいて不可欠な要素であることを認識させるだろう。

アイディアには何が起こるのか？

・次に何が起きるのか？
・アイディアを生み出し、うまく修整する
・コンセプトの管理者

創造力の最大の弱点は、アイディアを〝収穫〟することだろう。

これまで私は、すばらしいアイディアに満ちた創造力に富んだ会議に、多数出席してきた。しかし、それらアイディアの大部分は、会議の出席者たちに気づかれることも、また、取り上げられることもなく見過ごされてしまった。

誰しも最終的に出される賢明な解決策だけを探し出そうとする傾向がある。他は無視してしまうのだ。最終的に賢明な解決策は別にしても、それと同じくらい価値のあるアイディアが、まだまだたくさんあるかもしれない。それを役立てる特定の方法がなくても、新たな考え方を導いてくれるアイディアがあるかもしれない。手を加える必要があるため、使用されていない未完成のアイディアがあるかもしれない。あるいは、まだ実用的な衣服を身にまとってはいないが、新しい基本原理が生み出されていたかもしれない……。そこには〝アイディアの香り〟（新しいものを生み出すアイディア）が漂っていたかもしれない。誰もがそこに解決策を見つけ出すような、理論的な解決策の領域が広がっていたかもしれない。また、新たに「新しいアイディア領域」（新しい概念が大きな変革を生み出す可能性のある領域）があったかもしれない。これらはすべて書き留められるべきだ。

アイディアを生み出し、それをうまく調整することが創造的な思考プロセスの要素となるべきである。そのためには、次の二つのことを満たさなければならない。まず第一に必要なのは「状況設定」である。単なるアイディアを役立つアイディアに作り変えるために、試行錯誤すべきなのだ。そのような状況を強制的に設定すれば、状況設定は形作りの道具として使われる。

「それはすばらしいアイディアですが、今のままではコストが掛かりすぎるでしょう。もっとコストダウンするために修整を加えることはできませんか？」

「現状、ビルの管理規制でそれは禁止されています。管理規制に違反しないように、アイディアを修整できないでしょうか？　それは可能なことですか？」

「この製品は大企業向けのものです。ところが、我が社は小規模な企業ですから、そのアイディアをうまく利用する方法が何かないでしょうか？」

強制的な状況設定がアイディアを拒絶する理由としてではなく、それを生み出す条件として用いられることに注目してほしい。

第二に満たすべきことは、アイディアを実現しようとする「人」である。あいにく、これにはきちんとした方法がない。アイディアを生み出した人は当然分かっていることだが、アイディアのもつ質の高さや可能性などを、他の人たちも同じように見出せればすばらしいことである。しかし、それは稀なことである。したがって、創造的な思考のプロセスは、アイディアを「買ってくれる人」の特定の要求に沿うように、アイディアを修整しなければならない。

「今のところ、資金を節約できるというアイディアにだけ興味があるようです。それでは、このアイディアは、現在もしくは将来において、資金を節約する手段と見なすことができるのでしょうか？」

「このアイディアが受け入れられるためには、あまり新しすぎてもだめなのです。すでに試したことがあったり、その扱い方を知っていたり、何か古い形を残していなければなりません。それに見合うようなアイディアは何かありませんか？」

「重要なことは、試験ケースとして、そのアイディアをテストできるかどうかという点です。これをどのようにテストすればよいでしょうか？」

「最近、ハイテクが流行しています。このアイディアにもエレクトロニクスの技術を導入して、うまく修整できないでしょうか？」

時にこのようなプロセスは、ほとんど不誠実な状態になることもある。しかし、「買い手」のために製品をデザインする場合には、不誠実なものなど何もない。つまりアイディアは、「買い手」のニーズに合わせるために、デザインされる必要がある（組織内でもこれは同じことだ）。

何冊かの自著の中で、コンセプト管理者の役割について述べたことがある。この場合の管理者とは、アイディアに刺激を与えたり、収集したりと、世話をする人のことだ。彼らは、例えば、アイディア会議を設定したり、解決しなければならない問題を提示する人だ。つまり、財務マネージャーが財務について面倒をみるのと同様に、アイディアの面倒をみる人だ。

もし、そのような人物がいれば、緑の帽子から生まれたアイディアを収集し、整理することができる。もしいなければ、アイディアはそれを生み出した人の手に残されたままで、他の人の役に立つことはない。そして黄色い帽子が登場する。ここで、アイディアを建設的に発展させる。

また、アイディアを積極的に評価したり、その価値や利益を見つけ出すことも含まれる。

そして次に黒い帽子の考え方だ。ちなみに白い帽子の考え方は、どのステージでも必要だ。というのは、白い帽子は、そのアイディアが役に立つのか、成功の可能性があるのか、という点を評価するのに必要なデータを与えてくれるからだ。

プロセスの最後は赤い帽子だ。このアイディアが気に入っているのに、さらに何をするのか？赤い帽子の「情緒的な判断」がいちばん最後にくることを不思議に思う人もいるかもしれない。最後に情緒的な判断がくるのは、これらが黒い帽子や黄色い帽子によって得られた成果の上に成り立っていることを期待するからだ。最終段階でアイディアに対して心引かれるものが何もなければ、それがどんなに良いアイディアだったとしても、うまくいかないだろう。

緑の帽子のまとめ

緑の帽子をかぶる人は、創造的な思考パターンを活用しようとする。そして周りの人たちも、そこから生まれたアイディアを創造的な考え方として扱う必要がある。できれば、考える人だけでなく対話する人たちも緑の帽子をかぶるべきだろう。

緑の帽子の考え方の基本的な視点は、「**選択肢**」を探求することだ。自分の知っている世界、はっきり見えている世界、満たされている世界の向こう側にある世界に目を向ける必要がある。

また、どんな時でも代替案がないかどうかを見極めるために、創造のポーズ（小休止）をとる必要がある。ポーズをとるために特別な理由はいらない。

緑の帽子をかぶって考える時には、「分別」や「判断」という概念の代わりに、「**ムーブメント**」の概念に置きかえて考える必要がある。つまり、考える人は新しいアイディアに到達するまで、あれこれ思考パターンを移動させなければならないのだ。

刺激（挑発）的な発言は緑の帽子では重要な働きをもっており、それはPOという略号で象徴されている。刺激的な発言をするために、思いつきの言葉を使うといった方法もある。

水平思考とは、新たな考え方や認識を生み出すために、神経の自律組成的（注：自己最適化システム）な非対称の思考パターンシステムの働きにより（POなどの刺激的な発言や態度を含め）、思考パターンに揺さぶりをかける行動原理や表現テクニックのことなのである。

第8章

「青い帽子」で考える

頭上に広がる青い空、〝全体像〟を連想してほしい。青い帽子は、「**考え方を考える**」ための帽子だ。

青い帽子はオーケストラの指揮者のようなものといえる。指揮者は、しかるべき時に何をすべきかを見極め、オーケストラのもてる最高の力を引き出す。また、サーカス団の座長ともいえるだろう。考え方を管理したり、考え方を組み立てたり、思考プロセスをコントロールする。

会議の最初に青い帽子を使うことは、状況設定をすることになる。青い帽子が、問題点を捉える際に別の選択肢を見つけ出すかもしれない。目標を設定し、達成されるべき物事を明確にしてくれる。

また、会議の最初に青い帽子を使うのは、会議の議事録や、帽子を使う順番を決めるためでもある。青い帽子は、たとえ特定の帽子をかぶっていなくても、他の帽子の思考プロセスを設定することもある。つまり青い帽子は、「**戦略**」を組み立てるのだ。会議の間、青い帽子は規律を守らせ、出席者たちが適切な帽子をかぶることを統制する役割をする。また、他の帽子に変更を宣言する役割も果たす。

一般に、青い帽子は会議の進行役や議長、リーダーなどがかぶることになっている。これは絶対に変わることのないルールだ。さらに、会議で青い帽子をかぶっている時は、どの出席者も手続き上の提案をすることができる。

会議の最後では、青い帽子はその会議の「**成果**」を求めることになる。成果とは、「まとめ」や「**結論**」「**決定事項**」「**問題の解決策**」などだ。時に、ほとんど成果が見られない場合もあるが、会議の最後に青い帽子をかぶることで、さらなる次のステップを導き出すこともできるだろう。それは次に取るべき行動の足掛かりであったり、いつくかのポイントに関する一歩踏み込んだ考えかもしれない。

考え方をコントロールする

- ・考え方を考える
- ・考え方の指導
- ・考え方の組み立て
- ・他の帽子をコントロールせよ

青い帽子をかぶっている時は、問題について考える必要はない。その代わりに、問題を掘り下げるために必要な考え方を考えることになる。青色は統括的なコントロールを象徴し、冷静な態度や統制のとれた状況なども暗示している。
コンピュータはプログラム通りに作動する。プログラムはコンピュータに何をすべきか、次々と命令するわけだ。青い帽子はまさに、人間の思考をプログラムする帽子といえるかもしれない。
青い帽子をかぶれば、ある場面で起きている問題を深く考えるためのプランを作り出せる。また、まさにコンピュータのプログラムのように、何をすべきか指令を与えるために、青い帽子を使うこともできる。バレエのステップを振り付けるように、〝思考のステップ〟を振り付けしたい時に、青い帽子をかぶればよい。
このように、形式に基づいて組み立てられた思考の概念は、フリートークのように総括的な組み立てをもたないプロセスとは、かなり異なる。

「青い帽子で提案しますが、このへんで別の選択肢を探すべきではないかと思います」

「この件について考えている時間があまりありません。誰か青い帽子の考え方を構成してみる気はありませんか?」

「暗礁に乗り上げたようです。少し気分転換をするために、青い帽子をかぶったまま、赤い帽

子で考えることを提案したいと思います。私たちは残業を減らすための、この提案について、実際どのような感想を抱いているのでしょうか？」

何かものを考える時、どこかぼんやりしていたり、成り行きまかせであったり、特に深い考えもなく次々と起こることにただ反応していることがよくある。そのような時は、目的意識はあるものの、明確な形で表現したり、多少不明瞭でも言葉で表現するようなことはない。提案、価値判断、批判、情報、感情などが、思考のシチューのように入り交じっているのだ。あたかも、その目的が達成できるような経験的アプローチ上でうろうろしていることが重要であるかのようにだ。それは、強い後ろ向きな批判に導かれた、経験をでたらめに探検しているにすぎない。その基本的な前提として、背景となる情報を十分に与えられた何人かのインテリグループのみが、取り得る行動をリストアップし、最適なものを選ぶだろうと考えているのだ。

また、過去の経験と現在の諸条件によって「作り出される」効果が、考え方に影響を及ぼすという前提だ。その効果は「進化の」過程を経て、批評家が完璧なものを求めるという結果を生み出すことになる。それは、まぎれもなく「進化」の過程に似ている。つまり、環境にもっとも適した種が生きのびるというダーウィンの進化論と同様、思考においても最適な考え方が生き残ると私たちは考えているのだ。結局、過酷な環境下では、悲観主義の過酷な精神的圧力に苛《さいな》まれるわけである。

このような進化論的な考え方では、問題に感心のある人たちは、すでに自分の意見を用意していて、その中から解決策を選択することになる。これらの提案は個人的な考えによってもたらされたり、専門家から提供されたものになってしまう。

本書では「**地図を作成する**《マップメイキング》」という考え方に関心を寄せているが、この分野に初めて光を当てたものである。まず地図を描き、そのあとで考え得るルートを見つけ出し、最後にどのルートを選択するのか決める。

問題を解決しようとしている人たちは、問題点に関して自分の考えは常に沸き出ており、それは正式な議論の時に限らないと文句をいうかもしれない。事実、議論の目的は、新たに何かを考えるというよりは、むしろ以前からある結果を変更することにある。こうした点で、西洋的思考の典型ともいうべきディベート（討論）タイプの議論に近づこうとするわけだ。

もし、異なる見解が形成される前に、「**考えの地図**」の大部分ができ上がればすばらしいことだ。しかし、あいにくこういうケースは稀だ。考える人は周囲を見渡しながら「経験」や「偏見」などに基づいて自分の考え方を導き出し、そのあとで討論によって洗練しようとする。この方法の典型的な例は、学校で書かされる小論文の書き方だろう。まずは一行目に結論を書き、その結論を裏づけるために、テーマに関する論を展開するように指導される。この場合、「考える」行為は結論を裏づけるためだけに使われ、決して新しいものを探求するためには使われない。それと同じことが、政治の世界や裁判所でも起こっている。つまり、対立する両陣営が、あらかじめ設定された立場から論戦を繰り広げるのである。

賛否両論入り交じってあれこれ議論することは、確かに考えるのに勢いを与えてくれる。ことわざで「三人寄れば文殊の知恵」といわれるのも、そんな理由からだろう。しかし、一人で物を考える時には、青い帽子の考え方の枠組みがより必要になるだろう。

地図作りの考え方を適用するのであれば、思考の枠組みが必要になる。論戦の攻防からは何一つ枠組みは生まれない。探検家に進路計画が必要なように、考える人には思考の枠組みを作る必要があるわけだ。

青い帽子の枠組みでは、コンピュータのプログラムのように、逐一、次に何をすべきかという計画を教えてくれる。多くの場合、青い帽子の考え方は、馬車の御者が手綱で巧みに馬を操るように、議論タイプの考え方をうまく調整してくれる。

「では、この時点で白い帽子の考え方に移ります」

「ここでは別の提案が必要ですね。黄色い帽子の考え方が必要です。具体的な意見を出してください」

「しばらくの間、黒い帽子は置いておきましょう。これまで出されたアイディアには少し不満が残っていますから。このへんで緑の帽子の考え方に移ってみようと思います」

ほとんどのケースで、伝統的な議論の中に、六つの帽子の考え方をうまく組み込んでいくことが重要になってくるだろう。

「この点について、あなた方から赤い帽子の考え方を聞きたいと思っています。赤い帽子をかぶると、自分の感情や感覚を前面に押し出すことができる上に、その理由を説明する必要がないことを覚えていますね」

「あなたは気づいていないようですが、これまで黒い帽子の意見しか出ていません。つまり、ずっと否定的な判断をしているということです。それがうまく機能しない理由を言ってくれましたが、少しの間、黄色い帽子に切り替えてみましょう。そうすれば、肯定的な評価もできるかもしれませんね」

「あなたの意見や提案を求めているわけではありません。少しの間だけ白い帽子の考え方をしてほしいのです。つまり、自分の解釈を抜きにして、事実と数値だけを述べてください」

「ここで少しポーズをとって、青い帽子の考え方をしてみたいと思います。しばらくの間、テーマについては忘れてください。思考の枠組みをどのように作っていけばよいでしょうか？」

青い帽子は、他の帽子を調整するだけではない。優先権を評価したり、守るべき義務をリストアップしたりするような、別の考え方の枠組みを作ることにも利用できる。

焦点《フォーカス》を絞る

・正しい質問をする
・問題点を明確にする
・対象を定める

「焦点を絞る」ことは、青い帽子の重要な役割の一つである。考えるのが上手いか下手かは、この「焦点を絞る」能力に掛かっているといえる。

では、何に考えの焦点を絞るべきか？　目標を広く意識するだけでは十分ではない。

「ライバル会社の価格引き下げに対して、可能な範囲での対抗策を練ることに焦点を絞りたいと思います」

「今週の休日にみんなが何を求めているのか、焦点を絞って考えてみましょう」

「傘と広告。どのようにすれば、ふつうの傘を広告に使えるのか。創造的なアイディアを求めています」

「宿泊客に満足を与え、われわれのホテルを友人に勧めてもらうためには、どうすればよいのか？　とりわけ、ここに焦点を絞りましょう」

「まずは、ファーストフード店の利用客について新たな販路を見つけ出すことに焦点を絞って

みましょう。そして特に、オフピーク時に利用する老人層の獲得にターゲットを絞ります」

絞り込む焦点は、広く取ることも、狭く取ることもできる。また、広く取る場合には、狭い焦点をいくつか集めることもできるだろう。ここで重要なことは、「特定の方法で表現すべき」ということだ。青い帽子は、時に焦点を絞り込み、特定するために用いるべきである。また、青い帽子の考え方は、焦点からズレていないかどうかを監視するためにも利用すべきだ。何かを考えるために思いを廻らせることは、無駄な時間ではない。

「青い帽子をかぶって、次のように言いたいのです。設定した議題から、ずいぶんズレてしまったと思います。おもしろいアイディアもたくさんありましたが、最初に焦点を絞ったことと関連があるものは何一つありません。このへんで元に戻る必要があります。他に、青い帽子の意見があれば聞かせてくれませんか？」

「青い帽子をかぶって、現状についてあなたがどのように考えているのか教えてください。うまくいっていると思いますか？」

〝焦点を絞る考え方〟のもっともシンプルな方法は、**「質問をする」**ことだ。「正しい質問をする」ことが、考える際のもっとも大切な要素といわれることがあるくらいだ。しかし残念なことに、正しい質問は、正解が分かった後に出す方がずっと楽なものだ。それでも、考え方の枠組みと質問の焦点に注意を払うことは、青い帽子の役割の重要な側面である。

ここでいう正しい質問は二つのタイプに分けられる。一つは「広く探りを入れる質問（fishing question）」だ。これは、予備的探査といえる（釣り針にエサを付けて糸を下ろすが、何が釣れるのかは分からない）。もう一つは「狙いを定めた質問（shooting question）」だ。ポイントをチェックするために利用したり、直接、白黒を明確にしたりするためのものだ（銃で鳥に狙いを定めるようなもので、命中するかはずれるか、はっきり分かれる）。

「問題は何をするかではなく、いつそれをするのかなのです。つまり、タイミングこそ死活問題なのです。この時期に、私たちはどんな要因を考慮しておくべきでしょうか？」

「問題となるのは税金の優遇措置が本当に客に受け入れられたのかどうか、あるいはそれが保険のセールスマンにセールスポイントとして役立ったかどうかなのです」

実際問題になるのは、特別なタイプの質問だろう。例えば、「どうやってこれを達成すればよいのか?」などだ。つまり、問題点を限定することが重要なのである。さもなければ、解決はおぼつかなくなり、必要以上に厄介なものになってしまう。

これは現実的な問題なのだろうか?　なぜ、私たちはこの問題を解決しようと思うのだろうか?　根本的な問題は何だろうか?

「寒さが問題なのではありません。問題は、人々が寒さを受け入れるかどうかにあるわけです。そこで発想の転換をしなければならないでしょう」

「問題は雪が降らないことではなく、スキーができないことなのです。ですから、客をスキーのできる場所までバスで輸送すればよいわけです」

問題解決の最善策を敢えて見つけ出そうとはせずに、解決策の選択肢に幅をもたせる方がずっと実効性がある。この点も青い帽子の考え方の要素になっている。

また、考えるべき対象を定めることも、青い帽子をかぶる人の役割である。とりわけ、一人で何かを考える時にはいっそう重要になってくる。

「この会議の目的を考えてみてください。目的を達成するために、私たちはどんな結果を出せばよいのでしょうか?」

「まず手始めに、二つの政党間で考えられる妥協点をリストアップしてみてください」

「考えるべきは、この点に関して、現時点でどのように解決できるのかを見極めることです」

「学校教育に関する四つの『新しいアイディア領域*』をリストアップしてください」

(*二一一ページ参照)

「現行の宣伝キャンペーンについて、黒い帽子をかぶって考えてみてください」

考えるべき対象はごく限られた範囲であったり、広い範囲のこともある。また、その対象が特定の目的をもっていたり、幅広い考えを必要とするものもある。

「このTVショッピングビジネスに関して、予備的なアイディアを求めているわけです」

「彼らの戦略が成功したかどうかは、どのように判断すればよいでしょうか？」

「二つの選択肢から選び出すのに、なぜこんなに苦労しているのでしょうか？」

考えるべき対象を定めてもうまくいかない時には、失敗した原因に着目する必要がある。

「お菓子の消費の増加について、うまい説明が見つかりません。このあと、検証可能な仮説を立てるために、話を元に戻して考えてみましょう」

「ラム肉の消費の伸びについては、何も考えていませんでした。その問題をもう少し掘り下げて考えてみた方がよいかもしれませんね」

青い帽子をかぶって考える人がターゲットを捉えると、こう言うだろう。「標的はこれだ。これに向かって撃とう！」

プログラムを作る

・一歩ずつ前進
・思考のソフトウェア
・ダンスの振り付け

コンピュータにはソフトウェアがあり、逐次、すべき指令をコンピュータに送る。もし、ソフトウェアがなかったら、コンピュータは作動しない。

青い帽子には、ある特別な問題を考えるためのソフトウェアを作成する役割も含まれる。どんな状況にも対処しうるような、思考の枠組みを作ることができるのだ。ここでは、状況に応じて作成されるソフトウェアのカスタマイズ方法を見ていく。

「実施予定の計画を作成するために、まず青い帽子の考え方からはじめてみよう」

「これはあまり見慣れない状況ですね。どこから手を付ければよいでしょうか？　また、どんなことを考えるべきでしょうか？」

すでに紹介した通り、大抵の場合、六つの帽子の考え方は一般的な議論（議論タイプの考え方）の中で時に調停役として成り立っている。それぞれの帽子に象徴される特定の考え方が求められるわけだ。ここでは、的確な場面を設定してくれるプログラムの可能性について考えてみたいと思う。

ダンサーが即興でステップを踏むフリーダンスがある。一方、振り付け師によって各ステップが正確に決められたフォーマルダンスもある。つまり振り付け師の視点こそが、ここで紹介する青い帽子の考え方だ。しかし、これが六つの帽子が使われるべき唯一の方法であると考えてほしくない。

すでに書いたように、次の点を明確にしておきたい。青い帽子のプログラムは六つの帽子の考え方以外にも、多くの視点が含まれているのである。

「まず、子供服の生産ラインを考える際に、考慮しなければならない要因をすべて分析することから始めるべきです」

「この論争に関して、同意できる点、同意できない点、また不適切だと思われる点などを正しく分類することから始めるべきです」

プログラムは状況に応じて、いかようにも変化する。問題を解決するためのプログラムは、当然、ボートを設計するプログラムとは異なるだろう。また、交渉のプログラムは、意思決定のプログラムと同じではないはずだ。たとえ同じ意思決定であっても、ある意思決定に用いられるプログラムが、別の意思決定に用いられるものとは異なるかもしれない。青い帽子をかぶって考える人は、大工が椅子や飾り棚を作るための計画を練るように、状況に応じたプログラムを特別に作成しなければならない。

テーマについて人々が強い印象を抱いているなら、まずは赤い帽子をそのプログラムの最初に持って来るのが理にかなっている。そうすることで、感情が表に現われて目に見える形になる。赤い帽子ではなくても、例えば黒い帽子のような極端な考え方を通して、自分の感情を遠回しに表現しようと努力するだろう。ひとたび自分の感情が目に見える形になると、人は感情から解き放たれる。つまり、何か物を考える人は客観的であるべきだという事実に、さらにプレッシャーがかかるわけだ。

次に来るのは、白い帽子だろう。そうすれば、テーマに関連するあらゆる情報が提案されるに違いない。ふつうは、異なるポイントをチェックするために、ときどき白い帽子の考え方に（一種のサブルーチン※として）戻る必要がある。（※自立した機能をもつプログラム単位）

そのあと、計画や提案を引き出す役割をもつ黄色い帽子が来る。青い帽子が疑問を投げ掛けたり、問題の範囲を限定したりするため、青い帽子と黄色い帽子は相互作用があるかもしれない。白い帽子もまた、問題に対して現状のアプローチを示してくれるに違いない。

「過去の似たような状況でとった方法は以下の通りです」

「昔から用いられてきたアプローチは、みなさんもよくご存知だと思います。とにかく、それをもう一度やってみましょう」

青い帽子の考え方は、新しいコンセプトを必要とするフォーカスエリアを明確にしてもよい。そして、緑の帽子を使って、その新しいコンセプトを生み出そうと努力することになる。あるいは、緑の帽子をかぶっている時に、各人が創造のポーズ（小休止）を取ることもできるだろう。

「特別手当てを個々人の手持ち現金に合わせるというような、さらにシンプルな方法があるかどうかを見極めましょう」

「もっと良い本の売り方があるはずです。緑の帽子をかぶってそれを考えたいと思います」

この時に、青い帽子の「魔法」が有効な提案をまとめてくれるかもしれない。すると、きちんとしたリストができ上がる。そして、その提案は種類別に分けられることになる。それは例えば、個人の評価が求められるもの、より広い効果がを求められるもの、単に書き留めておけばいいものなどだ。

それぞれの提案を発展させ、採用するために、白い帽子、黄色い帽子、緑の帽子の考え方を組み合わせることもできるだろう。それこそが建設的な思考の側面になる。

そしていよいよ、具体的に実現できる可能性がある選択肢に肯定的評価を与えるために、黄色い帽子が登場する。

黒い帽子は、ある仕切られた場面で使われる。つまり、黒い帽子の目的はどの提案が使い物にならず、可能性がないかを指摘する。また、使えそうな提案を試すこともできる。

次に、黒い帽子で明確になった目的を克服するために、黄色い帽子と緑の帽子が用いられる。つまり、提案の欠点を補正したり、弱点を強化したりして、問題点が解決されるのだ。

ここで、さらに危険な点や不足点などを指摘するために、黒い帽子が介入する。

それから再び青い帽子を用いて、全体の完成予想図を描き、〝どのルートを選択するか〟という戦略を練ることになる。ここでは赤い帽子の考え方で、出された提案（選択）に関して自分の意見（感情）を述べることになる。

次に、選択肢の順序は、黄色い帽子と黒い帽子で決める。つまり、要求にもっとも合った提案（選択肢）を見つけ出すのだ。

そして最後に、実現に向けて採用する戦略を決定するために、青い帽子を使う。

以上のような連続的な帽子の使い方は、やや複雑に思われるが、実際やってみると、まるで車のギアチェンジをするように自然に次の帽子へと流れていける。

あらかじめ決められたプログラムがあることで、「考える」ということに参加している状態が各人に目に見えることが、とりわけ重要になる。それに、黒い帽子を使う時が予定されているので、正道から逸れることを恐れて、すぐに黒い帽子を介入させようと気を揉むこともないわけだ。

実際は、ほとんどの考え方が黒い帽子と白い帽子の組み合わせであること、そしてその背景には赤い帽子の感情が伴っていることを覚えておこう。

「このような状況で、私たちが必要としているのはこれなのです」

「あなたの提案がうまくいかない理由はここにあるのです」

青い帽子のプログラム（連続的な帽子の使い方）は、会議をリードする人によってあらかじめ作っておくべきだ。もしくは、会議に出席する全員が「青い帽子をかぶって」作るべきだろう。

要約と結論

・観察と概観
・論評《コメント》
・要約、結論、結果と報告

青い帽子をかぶる人は、それぞれの帽子の考え方を観察する。つまり、ステップを考える振付け師であるが、それと同時に何が起きているのかを観察する批評家でもある。青い帽子をかぶる人は、通りに沿って車を運転する人ではなく、ドライバーをじっと観察する人なのだ。また、たどる道筋にも目を光らせていなければならない。

そして、青い帽子をかぶる人は、みんなの意見にコメントを加えることもできる。

「この点について、時間を掛けすぎています。お互いの意見が食い違っている点に少し注目して、

それを書き留めてみましょう」

「作業のコスト面ばかりにこだわりすぎているようですが、それがどんな利益を生み出すのか、まだ検討を加えていませんね。まず、この点を明確にしなければならないでしょう」

「デヴィッド、あなたはずっと同じ意見を主張しているようですね。確かに、あなたの考え方には十分可能性がありますから、あとでよく検討してみようと思います。ここでは、もう一歩踏み込んだ選択肢を見つけ出す必要があると思います。これは議論ではなく、新しいものを探求することになります」

青い帽子をかぶって考える人は、時々、それまでに起こったことや達成されたことなどについて、総括的な意見を述べる。また、議論の間に出てきた新しい資料や選択肢などの記録に信頼を寄せる人でもある。

「これまで私たちが実践してきたことを、まとめてみましょう」

「ここまで議論した主要なポイントを一度おさらいしようと思います。もし、私のまとめについて反対意見のある人は、その旨お知らせください」

混乱した議論をまとめるのも、青い帽子をかぶる人の役割である。

これは青い帽子をかぶるのが一人だけの場合だが、その場のメンバー全員が、これと同じような青い帽子の役割を演じることも、もちろん可能である。実際、青い帽子をかぶった一人が、他のメンバー全員に青い帽子の役割を演じるように求めることもできる。

「ここで、ポーズをとりましょう。全員で青い帽子をかぶり、これまで達成できたと感じる点を個々人でまとめるために、数分間だけ時間を割くことにしましょう」

「それでは、交渉の席に着きましょう。あなた方は青い帽子をかぶって、交渉がどの点まで進んだのか私に教えてください」

時間をみて、決まったことをまとめるのが青い帽子の人の役割だが、最終的な結論を導き出すのも、青い帽子のもつ役割である。

「青い帽子をかぶって考えると、私たちの出した結論は次のようになると思います」

「これが私たちのたどり着いた結論であることに全員が賛成なのですね？」

最終的なまとめとレポートを準備するのも青い帽子の役割である。これは出席者一人一人の役割ではないという意味ではない（別にそれでもかまわない）。導き出された考えについて、客観的でしかも適確なコメントを加えるために、それぞれが青い帽子に頭を切り替えることを意味する。

青い帽子の役割の一つはカメラマンになることだ。つまり、まさに起こりつつあることや、すでに決まった考えを観察して記録する。

コントロールと監視《モニター》

・議長とは？

・統制と問題点の明確化（ピント合わせ）

・責任は誰にあるのか？

通常、どんな会議の議長でも青い帽子の役割を演じる。つまり、会議を統制し、議事がスムーズに進行していることを確認する。

議長以外の人に青い帽子の特別な役割を演じさせることも可能だ。議長が必ずしも考え方を監視する能力に長けている人物とは限らない。この場合に青い帽子をかぶる人は、議長が設定した枠組みの中で、考え方を監視する責務を負うことになる。

会議に出席する誰もが青い帽子の役割を演じることができる点も、とりわけ強調しておきたい。

「青い帽子の意見を述べようと思いますが、この点に関するブラウンさんのコメントは不適切です」

「青い帽子をかぶって言いたいのですが、私たちは問題の核心から遠ざかっているように思います」

「私の青い帽子の考え方では、これについては遅かれ早かれ、私たちが直面しなければならない中心的な問題として捉えるべきだと思います」

青い帽子は、「**ゲームのルールを順守する**」役割を荷っている。このような統制的な側面は、議長か、もしくは青い帽子の役目を任された人の役割であるかもしれないが、誰もがコメントを加えることもできる。

「これは赤い帽子の考え方です。私たちはあなたの感情を求めているのであって、なぜそう感じるのか理由を求めているのではありません」

「残念ながら、それは明からに黒い帽子の考え方であり、この点からは逸脱しています」

「それは緑の帽子で考える時のアイディアの扱い方ではありません。あなたは自分の判断ではなく、思考パターンの動き（ムーブメント）を用いなければなりません」

「青い帽子の役割は、各帽子の考え方をまとめることであり、一つの選択肢の肩をもって議論することではありません」

実際の場では、帽子が違っても意見が重複することがよくあるが、物知り顔になる必要はない。おそらく、黄色い帽子と緑の帽子の考え方の間で重複することがよくあるだろう。また、事実と意見が入り交じるため、白い帽子と赤い帽子の考え方でも重なる点が多く出てくるだろう。

誰かの意見が出るたびに、帽子を変えるのも無意味だろう。

重要なのは、特定のモードが指定されたなら、出席者はその帽子の考え方をするように「**意図的に努力する**」ということだ。もし、黄色い帽子が指定されたなら、とにかく黄色い帽子の考え方をしなければならない。

特に帽子が指定されていない時は、それぞれのコメントがどの帽子の考え方なのかということにこだわる必要はない。「あなたは青い帽子をかぶっている」というように正式に指摘しなくても、会議の手続きに関するコメントであれば受け入れられる。

その一方で、どの帽子をかぶっているのかを明確にすることが重要な時もある。出席者の発言に従って帽子を変えていくだけでは、十分な効果は期待できない。指定された考え方のモードに従うように努力することこそが大切なのだ。いつもの退屈な議論に逆戻りするのを避けるためにも押さえておこう。

青い帽子の主要な役割の一つは、対立する議論にピリオドを打つことである。

「七面鳥の肉の売り上げが増加したのは、健康志向のせいだと思います」
「私は単に、それは価格が安くなったからだと思います」

この時点で、青い帽子の人は、その疑問点を解決するような白い帽子の情報がないかを尋ねるといいだろう。

「この点で決着することができないようなので、このような市場の傾向に対して二つの異なる見解があることに注目すべきでしょう。今のところ、どちらが正しい見解であるか決める必要はありません」

そこで、この両者の見解は「考え方の地図」にとりあえず書き込まれる。このような特別なケースでは、どちらの見解も正しいかもしれない。しかし、別の場合にはどちらとも互いに矛盾しているかもしれない。いずれにせよ、両者の見解は地図に書き込まれ、さらに議論されるべきなのだ。

「さて、さきほど結論を出せなかった問題点に戻りたいと思います。これは掠奪的価格設定*だ

と見なすべきでしょうか？　直接、その問題点に焦点を絞ってみましょう」
（＊ライバル企業を打ち破るために不当に低く価格を設定すること）
「ジョーンズ氏は休日価格を保証することが売り上げアップに大きく影響するだろうと考えています。一方、アダムスさんはその意見に反対であり、それはかなり費用がかさむことになると考えています。この点について、少し時間を掛けて話し合いたいと思います。白い帽子の考え方では、どんな提案をすればよいのでしょうか？　もし何年か前に、そのような保証をした例があるなら、どんなコストが必要だったのでしょうか？」

反対意見に対処する有効な方法は、どんな意見でも「ある環境下では」正しいと考えてみることだ。

「ジョーズ氏の意見は、どんな環境下で正しいのでしょうか？　また、アダムスさんの意見は、どんな環境下で正しいといえるでしょうか？」

ある意味、両者とも正しいと見なすこともできる。次に、二つのうちどちらの状況が、より現状に近いかを見極めればよい。
これと同じアプローチは、いわゆる「最適な場所《ベストホーム》」メソッドを使って、アイディアの価値判断において使用されるべきだ。このアイディアを生かす〝最適な場所〟はどこなのか？

「この製品は、すでに市場を支配しているような大企業にとっては、すばらしいものでしょう。一方、こちらの製品は小さな市場を開拓しようとしている小企業に向いていると思います。さて、我が社にとって、どちらが最適だと思われますか？」

青い帽子の人が、時に、きっぱりとした強い態度を示さなければならない時もある。

「議論が暗礁に乗り上げたようです。両者の見解には注目しますが、この点はあとに回すことにしましょう」

「議論のモードではなく、考え方の地図（さまざまな意見を地図に描き込む）のモードに入っているのです。もし別な見解があっても、とりあえず注目するだけにしておきたいと思います。自分の意見が正しく、他人の意見が間違っているといった主張はしないように」

「互いの言い分はあると思いますが、大事なのは話を前に進めることであり、口論は、この場にふさわしくありません」

「口論するのはやめてください」

「他の人たちの意見について、一人一人に黄色い帽子をかぶって考えてもらいたいのです。単なる議論はやめるべきだと思います」

青い帽子をかぶるということは、他のどんな帽子よりも率直になることを許してくれるのだ。

青い帽子のまとめ

青い帽子は調整《コントロール》の帽子だ。

青い帽子をかぶる人は、考え方そのものを作り上げる。そして青い帽子の考え方は、新たなテーマを開拓するために必要な考えを考えることだ。

青い帽子をかぶる人は、オーケストラの指揮者のようなもので、他の人たちに何色の帽子をかぶるのか指揮する。

また、考えるプロセスを前に押し進めるために、さまざまなテーマを作り上げる。青い帽子をかぶって考えることは、カメラのピントを合わせる作業と同じだ。つまり、**「問題点を取り上げ」「疑問を投げ掛け」「課題を見定め」**、それを解決するための「考えを提案する」のだ。

青い帽子の考え方は、まとめや見解、結論に対して責任がある。これは時に考えている途中であったり、議論の最後に出てくるべきだ。

青い帽子の考え方は、考え方そのものを調整し、ゲームのルールが守られているかを確認する。議論をストップし、「地図作り《マップメイキング》のタイプ」の考え方を主張する。つまり、反対者の意見を調整し、その考え方を受け入れるように勧める指導者としての役割を果たすわけだ。

青い帽子は、どんな時、どの色の帽子をかぶればよいのかを指示する時にも活用できる。また、ダンサーが振り付け師の指示通りに踊るように、考えるプロセスを一つずつ設定するのに使われる。

青い帽子の特別な役割が、誰か一人に任されていたとしても、誰もが青い帽子に沿ったコメントや提案を自由にすることができる。

第9章

六つの帽子の利点

実際に「六つの帽子メソッド」を使ってみていちばん驚くことは、結論が自然に出てきたかのように思えることだ。会議の最後に青い帽子をかぶって考える頃には、出席者全員の頭に、その決定事項が明らかになっていることが多い。理屈では信じ難いことだが、実際に現場でよく見うけられる現象なのである。

以前、『フィナンシャル・タイムズ』（ロンドン）紙上に、このメソッドについて記事を書いたことがある。その次の週に、私はある男性から一通の手紙を受け取った。彼は妻と一緒に新居を探しているということで、田舎に大きな家を買うかどうか心を決めかねていた。二人は何時間も話し合ったそうだ。そんな時、新聞でこの記事を読んだ男性は、さっそく「六つの帽子メソッド」を使ったという。すると、わずか一〇分足らずで二人の意思は固まり、しかもお互いに満足した結論が出せたというのだ。

このメソッドを一度も試したことのない人は、六つの帽子を使いさえすれば、テーマを深く探究するのに手を貸してくれ、必ず何かが決まり、新しいアイディアが生まれると思うかもしれない。しかし、こうした思い込みは、例えば赤、黄、黒い帽子が、あくまでも価値評価のために用いられるものであり、情報を与えてくれるものではない点を見落としている。

例えば、ある目的地まで車で行くのに、同乗者が地理に疎《うと》く、道順をよく知らないとする。走りながら、どの道を通って行けばよいのか、みんなであれこれ議論になるかもしれない。そんな時、交通事情や道路事情などがしっかり書かれた地図さえあれば、目的地までの最適な道を選ぶことは、いとも簡単なことだろう。選択肢は誰の目にも明らかなはずである。「六つの帽子メソッド」を用いると、まさにこれと同じ現象が起きる。

もし、結論が出ないのなら、なぜそれができないのか、その理由を明らかにすべきである。ある時点でもっと情報が必要なのかもしれない。あるいは、互いに譲れない異なる価値観が存在するのかもしれない。理由を明らかにしさえすれば、会議の最後に青い帽子をかぶることで、新たな考え方に焦点を絞ることができるだろう。そして、その新たな焦点は、また別な会議における目標となるわけだ。

驚くことは何もない

「六つの帽子メソッド」を使えば、いつの間にか何かが決定しているように思えるのは、何も驚くことではない。結局、自分で何か物事を決める時にも、多かれ少なかれ、この帽子の考え方と同じようなプロセス（賛成・反対、感情・事実など）をたどっているのだ。「六つの帽子メソッド」は、そのすべてのプロセスを一貫して実践することになる。つまり、それまで個々人の心の中だけで実践されていたプロセスが、公然と、しかもシステマティックに実践されるわけだ。

他のどんな意思決定プロセスにも共通していることだが、最終的な決定を導くことは難しく、うまくできないことも多い。そのため、対立する二つの価値観にバランスをもたせることも必要かもしれないし、そこには将来に対する思惑もあるだろう。しかし、将来に対する不安を消し去る方法など、どこにもない。そんな時、その二つの選択肢を満たすことのできる前向きな方法を考案する必要があるわけだ。もし、それが不可能であっても、どちらかに決定する必要があるのなら、赤い帽子をかぶって決定することもできる。

結局、どんな結論であっても、現実的には「赤い帽子」の考え方なのである。というのは、私たちはあれこれ因果関係を求めようとするが、最後の決定は情緒的によるものが大きいからだ。

まとめ

「考える」という行為の最大の敵は複雑なことだ。なぜなら、それは頭を混乱させる。考え方がクリアでシンプルならば、考えるという行為がもっと楽しく、しかも効果的になるだろう。「六つの帽子」の概念は、シンプルで理解しやすく、使い方も簡単だ。

このコンセプトには、主に二つの目的がある。最初の目的は、一度に一つの事を考えるようにすることで、考え方を単純化しようとすることだ。「感情」「理論」「情報」「希望」「創造力」などを一度に対処しようとする代わりに、それを別々に分けて考えることができる。また、半ば内に秘められた感情を抑えようと理論を用いる代わりに、赤い帽子を使うことによって、何ら理由を求められることなくそれを表現することができる。さらに、黒い帽子を使えば、論理的な視点から物事を捉えることもできる。

二つ目の目的は、考え方をスイッチできることだ。例えば、ある人が、会議でいつも否定的な態度であるなら、その人に黒い帽子を脱ぐように求めることができる。このシグナルは、その人がいつも否定的な態度をとっているということを表わしている。また、黄色い帽子をかぶって考えるように求められることもあるだろう。これは肯定的に考えるように求める直接的なシグナルである。

このように、六つの帽子は決して強制ではなく、ある考え方をするように求めることができる。重要なのは、考え方が「個々人のエゴイズム」や「個性」を脅かすことがない点である。つまり、ロールプレイングゲームのような感覚で、六つの帽子をかぶって特定のタイプの思考を求めることができるわけだ。いわば、「六つの帽子」は指示を送るための速記法のようなものと言えるかもしれない。

しかし、何か物事を考える時には、常に「六つの帽子」をかぶれと言うつもりはない。かえって、それは無益なことだ。六つの帽子を形式的に組み合わせて使いたいと思えば、いつでも、あらかじめ使い方をプログラムすることもできる。議論をする多くの場合、ある程度、何らかの形で実際に帽子をかぶって考えたいと思うだろう。あるいは、他の人にも特定の帽子をかぶってほしいと思うかもしれない。最初のうちは、少し恥ずかしくて臆病になるかもしれないが、慣れてくれば、そのような要求も、ごく自然に受け入れられるようになるだろう。

組織にいる人たちがゲームのルールさえ理解すれば、思考の一定の枠組みは非常に役立つものであることが分かる。例えば、何かを議論するために会議を開く習慣がある人たちは、誰もが異なる帽子の意味合いに気づくだろう。その帽子が一種の共通語のようになれば、六つの帽子の概念もうまく機能することになる。

「六つの帽子」がもつシンボリズムには多くの機能があるが、きっとそれが自分たちの考え方をより効果的に伝える手段として、日常語の一部になってくれるはずである。

◆６つの帽子の使い方

①単独で使う

　会議や討論の途中で、新しい意見を出席者に要求するためのシンボルとして使う。

〈発言例〉

「このへんで、『緑の帽子』の考え方をしてみよう」
「ここでは『黒い帽子』をかぶるべきだと思います」
「このアイディアには見込みがなさそうですが、『黄色い帽子』をかぶってみましょう」

②順番に使う

　ある連続的な場面で、帽子を一つずつ順番に使う。どの帽子も好きなだけ何回でも使えるが、すべての帽子を必ずしも使う必要はない。

・状況に応じて決めていく場合

　会議の進行役などが、最初にかぶる帽子のみを決定し、その後は出席者一同で次にかぶる帽子を決めながら話し合いを進める。
　※この方法は、「６つの帽子メソッド」を使い慣れている場合にのみ勧める。

・あらかじめ決めておく場合

　会議の最初と最後に「青い帽子」を設定する。帽子の変更を指定できるのはリーダーや議長、進行役に限る。また、各帽子をかぶる時間は、一人につき１分を原則とする（ただし赤い帽子は思ったままの意見を言えばよいので、若干、短くする）。

〈プログラム例〉（マップメイキングの一例）

1. 「青い帽子」で会議で決めるべきことを明確にする。
2. 「赤い帽子」で自由な意見を出し合う。
3. 「白い帽子」でテーマに関連するあらゆる情報を出し合う。
4. 「黄色い帽子」で計画や提案を引き出す。
5. 「緑の帽子」で新しいコンセプトを考える。
6. 「黄色い帽子」で具体的に実現できそうな選択肢を評価する。
7. 「黒い帽子」で使い物にならない提案などを吟味する。
8. 「黄色い帽子」と「緑の帽子」で、「黒い帽子」で出てきた提案の欠点を補正したり弱点を補強する。
9. 「青い帽子」で全体的な地図の完成予想図を描き、「どのルートを選択するか」戦略を練る。
10. 「赤い帽子」で選択肢について意見を出しあう。
11. 「黄色い帽子」と「黒い帽子」でルート（選択肢）を検討する。
12. 「青い帽子」で実現に向けた戦略を確定する。

「6つの帽子」早見表

◆6つの帽子それぞれの役割

	色のもつイメージ	帽子の役割
白い帽子	〔白〕中立、客観的	事実と数値（データ）への視点
赤い帽子	〔赤〕怒り、情熱、感情	思ったままの感情的な視点
黒い帽子	〔黒〕生真面目、思慮深い	警戒と注意を促す、弱点（マイナス面）への視点
黄色い帽子	〔黄〕明るい、積極的	肯定的な側面（プラス面）への視点。
緑の帽子	〔緑〕草木、植物などの“成長”	創造性と新しい考え方への視点
青い帽子	〔青〕空、冷静、超越	プロセス全体を構成する視点

訳者あとがき

「例えば、あなたが友人にバードウォッチングに誘われて行ったとしよう。初めのうちは、どこをどのように見ればよいのか分からないが、友人にアドバイスを受ければ、鳥の生態がよく分かるようになるだろう。つまり、ある特定の物に焦点を合わせると、それまで〝ひとまとまり〟に見えていた景色が突然、ずっと面白い物に見えてくるのである」

これは学校向けに考案された思考プログラムの一つ、OPV（Other People's View）と呼ばれるもので、「他の人たちが考えている事に注意を向ける」技法《メソッド》の考え方を分かりやすく説明したものです。これ以外にも数多くの創造的な思考法を考案し（その代表的なものが「水平思考」）、世界の主要な企業から田舎の学校に至るまで、そのメソッドが広く使われ、世界各国で多くの人々の頭脳に刺激を与えてきた人物こそ、本書の著者デ・ボーノ博士なのです。

デ・ボーノ博士は地中海に浮かぶマルタ島出身の医学・心理学者で、オックスフォード大学で医学を教えながら創造的な思考法を研究してきました。一九六七年に「水平思考」を考案し、世界的な名声を博して以来、世界中で博士の思考法が実践研究されてきたのです。本書はその代表的なメソッドともいえる「六つの帽子メソッド」を解説したものです。

学校でも企業でも、なんらかの意思決定をする場合、会議を開いて各人の意見をまとめるわけですが、時には主観がぶつかり合って論争になることもあるでしょう。自分の立場を主張して相手を攻撃し、相手も同じように反撃を加えようとします。裁判所でも弁護側と検察側の議論の攻防は、証拠に基づいているとはいえ、主観のぶつかり合いであり、徹底して自己の立場を守ろうとします。しかし、このような論争には、ただ「勝ち負け」があるだけで、双方が満足するような〝建設的な〟結論は生まれてはこないのです。本文を注意深く読んでいただければ、デ・ボーノ博士の「並行思考」のポイントがお分かりいただけると思います。「並行思考」は意思決定の過程で、各人の持てる力を最大限に生かそうとする方法であり、まさに〝建設的な考え方〟が生まれてくることを期待できるのです。「六つの帽子」の考え方は客観的な視点から特定のテーマに結び付け、注意をそこに向けることで、自分の立場を守ることより、客観的にテーマを探求するために最大限の努力を傾けることができるのです。つまり、誰もが同じ色の帽子をかぶることで、自分の注意を特定のものに向けることができるわけです。このメソッドの基本概念は「注意を向けること」と「一度に一つの事をすること」であり、実にシンプルで分かりやすい考え方ですが、これを行動に移すとすばらしい力を発揮することになるのです。単純であるからこそ「実践力のある考え方」といえるわけです。

日本的な会議方式については、本書の「白い帽子」の章で解説されていますが、中立性を重んじる〝日本的な考え方〟をさらに〝建設的な考え方〟へと発展させるためにも、本書で紹介されている並行思考をうまく活用し、六つの帽子を上手に使ってもらいたいと思います。大人から子供までゲームをする感覚で簡単に使える「六つの帽子」が日本にも定着すれば、日頃の煩わしい会議がずっと面白く創造的なものになるはずです。

最後に、本書の復刊に際し何かとお骨折りをいただいたパンローリング株式会社の内山朋子さんを始めスタッフの皆様に心よりお礼申し上げます。

二〇一五年十月

川本英明

■著者紹介
エドワード・デ・ボーノ（Edward de Bono）
イタリア・マルタ島生まれ。世界的な大企業、多国籍企業でコンサルタント業務を展開。「創造的な考え方」の分野における権威として知られており、多くの著書がある。彼の思考法に関する教育は、ＩＢＭ、デュポン、シェル石油、エリクソン、マッキンゼー、フォードなど、世界の大企業で導入されている。

de Bono Global
www.debono.com

■訳者紹介
川本英明（かわもと・ひであき）
1955年奈良県生まれ。早稲田大学在学中よりイタリア語、イタリア文学を学ぶ。ペルージャ国際大学留学後、イタリア文学やイタリア映画の研究を続ける。訳書に『愛を育てる食べ物壊す食べ物』（共訳／小学館）、『ありすぎる性欲、なさすぎる性欲』（草思社）、『わがままピノキオを良い子に変える魔法のメッセージ』（ＰＨＰ研究所）、『覚える技術』（翔泳社）、『イタリア映画史入門』（鳥影社）など多数。

2016年 1月4日　初版第1刷発行
2017年 7月1日　　　第2刷発行

フェニックスシリーズ㉚

6つの帽子思考法
―― 視点を変えると会議も変わる

著　者　エドワード・デ・ボーノ
訳　者　川本英明
発行者　後藤康徳
発行所　パンローリング株式会社
〒160-0023　東京都新宿区西新宿7-9-18-6F
TEL 03-5386-7391　FAX 03-5386-7393
http://www.panrolling.com/
E-mail　info@panrolling.com

装　丁　パンローリング装丁室
組　版　パンローリング制作室
印刷・製本　株式会社シナノ

ISBN978-4-7759-4149-2
